"十三五"国家重点出版物出版规划项目
先进制造理论研究与工程技术系列

提升从1到 N 的创新能力
——TRIZ的应用

吴 睿 唐先龙 著

哈尔滨工业大学出版社
HARBIN INSTITUTE OF TECHNOLOGY PRESS

内 容 简 介

本书在介绍 TRIZ 理论的基础上，站在应用角度，融合作者近十年来学、讲、用 TRIZ 的心得体会，针对应用者在使用 TRIZ 过程中所产生的一些困惑，从工程问题的梳理分析到其解决过程，探讨了 TRIZ 的适用范围，探索了将 TRIZ 应用于实际问题过程时的引入、建模及方案生成等方面的一些技巧和方法。TRIZ 理论与方法具有易学不易用的显著特点，目前已经出版的相关书籍大多以介绍其理论工具体系为主，或者结合其他创新内容一并介绍，对使用者循序渐进引导应用的偏少。本书则是从一个使用者的视角出发，将 TRIZ 的应用融会贯通在其内容介绍中，对于在校大学生、创新创业者、企业技术人员及 TRIZ 爱好者开阔视野、打破惯性思维、解决实际工作中遇到的难题都有着较强的借鉴和参考作用。

图书在版编目(CIP)数据

提升从 1 到 N 的创新能力：TRIZ 的应用/吴睿，唐先龙著. —哈尔滨：哈尔滨工业大学出版社，2019.9
ISBN 978-7-5603-8435-1

Ⅰ.①提… Ⅱ.①吴…②唐… Ⅲ.①创造学 Ⅳ.①G305

中国版本图书馆 CIP 数据核字(2019)第 154854 号

策划编辑	王桂芝
责任编辑	苗金英
出版发行	哈尔滨工业大学出版社
社　　址	哈尔滨市南岗区复华四道街 10 号　邮编 150006
传　　真	0451-86414749
网　　址	http://hitpress.hit.edu.cn
印　　刷	哈尔滨市石桥印务有限公司
开　　本	787mm×960mm　1/16　印张 9.25　插页 1　字数 165 千字
版　　次	2019 年 9 月第 1 版　2019 年 9 月第 1 次印刷
书　　号	ISBN 978-7-5603-8435-1
定　　价	68.00 元

(如因印装质量问题影响阅读，我社负责调换)

编写委员会

负责人 吴　睿　唐先龙

成　员 汪海波　竺　栋　边香普　贾传果
　　　　　陈春名　古　林　薛云强　冯启国
　　　　　雷程亮　李　军　陈沛富　张羽铖
　　　　　丁宇洁　袁　奔　吴　磊　郭丽萍
　　　　　李绪武　蒋德平　何正春　周建军
　　　　　符义红　林晓钢

审　稿 刘岸松

前　言

实现技术创新是一件很难的事情。一是发现并提出问题之难。经由作者多年与企业接触了解的情况，平时研究及工作中感觉问题非常多，但要梳理出来形成真正的待解决问题，则是一件很不容易的事情。二是解决问题之难。问题即便发现并提出来了，现有的技术手段和知识不能支撑问题的解决，缺乏必要的方法，理不出头绪，不知道从哪里下手。三是方案验证之难。问题经过认真分析梳理，找到了认为合理的概念方案，又存在着一系列的验证方案带来的难题，比如管理层是不是支持（毕竟还不能保证方案能够一次验证成功，需要花时间和代价）？生产现状是不是允许（验证方案会影响生产，需要技术人员抽出时间和精力）？当方案验证过程中出现了二级问题时，如何妥善解决？四是寻找到合适的知识应用于解决问题之难。从熊彼特提出创新概念到美国《创新杂志》给创新下的定义"创新就是运用已有的知识想出新办法、建立新工艺、创造新产品"，都将创新视为知识的应用过程，这说明创新，尤其是技术创新是一门应用知识的方法的学问，而培根则提出"知识本身并没有告诉人们怎样运用它，运用的方法乃在书本之外"。因此，技术创新是一个艰辛的过程，实现技术创新更加困难。

有了方法，做事情才能事半功倍，做任何事情都如此，技术创新概莫能外。在实现技术创新过程中，解决企业所面临的难题往往是一个通过对问题进行深刻分析梳理，不断降低难题的维度，逐渐聚焦到问题的关键点上，然后借助合理的模型将合适的知识引入，从而寻找到解决方案的路径。借助方法，反复训练，最终才能够在这条路径上越走越好。

技术创新很特殊，有没有方法可以遵循？如果有，是一种什么样的方法？经过多年的学、教、用，作者认为TRIZ创新方法对于技术创新非常有帮助，已经有众多技术人员和企业借助该创新方法实现了技术创新。因此，作者结合自身多年的实践，向读者推荐该方法，希望能够对读者的技术创新过程有所帮助。

作者初识 TRIZ 于 2009 年,当时参加重庆市科学技术委员会组织的创新方法师资培训班,顿有面前洞开了一扇门之感觉,被其内容深深吸引,努力学习并取得优异成绩;后有幸被选派参加科学技术部创新方法师资培训班,得以继续深造;再后来,师从 MATRIZ 五级大师谢尔盖,并得到时任翻译的五级大师孙永伟博士的指导。在此期间相继获得创新培训师一级,创新工程师二级,国际 MATRIZ 三级等资质;先后加入国家和重庆市创新方法研究会;由于工作小有成绩,有幸被重庆市创新方法研究会推选为副理事长。彼时至今,受聘于重庆市创新方法应用推广领导小组,长期担任重庆市创新方法培训师和咨询师,承担重庆市创新方法主讲及项目咨询工作,为创新方法的管理及应用培训了大批使用者和推广者。屈指已十年,积累了大量心得体会,遂成此书。

书中以 TRIZ 基本理论为基础,部分内容是个人学、教与用过程中积累的心得体会,属于一家之言,加之文字功底有限,难免有不恰当之处,恳请读者批评指正。

吴 睿
2019 年 3 月

目 录

第1章 创新方法与 TRIZ 理论 ································ 1

    1.1 引言 ··· 1

    1.2 对技术创新的探讨与理解 ·································· 1

    1.3 创新的特征 ·· 3

    1.4 技术创新方法 ··· 6

    1.5 TRIZ 方法概览 ·· 9

    1.6 TRIZ 的解题特征 ··· 10

    1.7 小结 ··· 13

第2章 因果分析方法 ·· 14

    2.1 因果关系 ·· 14

    2.2 因果分析方法及作用 ·· 15

    2.3 因果分析辅助手段 ·· 18

    2.4 因果分析方法的作用 ·· 19

第3章 系统分析 ··· 22

    3.1 系统与系统分析 ··· 22

    3.2 面向新产品设计的功能分析 ······························ 25

    3.3 面向技术系统改进的功能分析 ·························· 32

第4章 解决问题的冲突思维之技术矛盾 ·························· 37

    4.1 技术矛盾 ·· 37

    4.2 39 个技术参数 ··· 41

    4.3 40 个创新原理 ··· 43

4.4　技术矛盾应用 ··· 74

　　4.5　技术矛盾应用说明 ·· 77

第 5 章　解决问题的冲突思维之物理矛盾 ···························· 78

　　5.1　物理矛盾 ··· 78

　　5.2　分离方法 ··· 80

　　5.3　发现并解决物理矛盾 ·· 81

　　5.4　物理矛盾应用实例 ·· 83

第 6 章　物场分析及标准解 ··· 86

　　6.1　物场分析 ··· 86

　　6.2　标准解 ·· 89

　　6.3　物场分析应用 ··· 103

第 7 章　系统裁剪 ·· 107

　　7.1　系统裁剪的概念 ·· 107

　　7.2　第一类系统裁剪 ·· 108

　　7.3　第二类系统裁剪 ·· 113

　　7.4　第三类系统裁剪 ·· 115

　　7.5　第四类系统裁剪 ·· 117

第 8 章　基于因果分析的方法综合应用 ····························· 119

　　8.1　案例一 ·· 119

　　8.2　案例二 ·· 125

　　8.3　案例三 ·· 127

第 9 章　基于功能分析的方法综合应用 ····························· 131

　　9.1　案例一 ·· 131

　　9.2　案例二 ·· 134

参考文献 ·· 139

第 1 章　创新方法与 TRIZ 理论

1.1　引　　言

中国已经踏上了从富起来到强起来的新征程,创新驱动发展战略是我们实现强国梦的关键,为了中华民族的伟大复兴,我们今天更加需要培养创新意识、推崇创新能力。创新是我们国家走向科技发展潮流中心的必由之路,深刻理解创新的内涵及外延,不断地求新、求变、求异,探寻具备较强操作性的创新概念,才能够保证我们在参与创新的过程中,不断迈向成功。

1.2　对技术创新的探讨与理解

创新是人类与生俱来的能力,其研究一直为学者们所重视,提出了很多相关概念。有的学者认为创新是指从外界引入或者在内部产生某种新事物而造成有益的变化,是人们为了适应客观环境的变化而采取的一些新的举措;有的学者提出创新就是产生以前没有的新知识、新思想、新方法、新事物,或者是对原有思想、方法、事物等的变革和完善;美国学者艾米顿认为技术创新就是"为了企业的卓越,国家经济的繁荣昌盛,以及整个社会的进步,创造、发展、交流和应用新的想法,使之转化为市场适销的商品与服务的活动";著名管理学家彼得·德鲁克认为技术创新"是赋予知识资源以新的创造财富能力的行为";缪塞尔则认为技术创新是以其构思新颖性和成功实现为特征的有意义的非连续性的事件。1999 年,中共中央、国务院"关于加强技术创新,发展高科技,实现产业化的决定"中指出"技术创新是指企业应用创新的知识和新技术、新工艺,采用新的生产方式和经营管理模式,提高产品质量,开发新的产品,提供新的服务,占据市场并实现市场价值",这与最早研究并提出创新概念的熊彼特的观点吻合。

一些学者更进一步通过熊彼特的创新理论,提出创新的结果在于带来发展和利润,指出知识创新是以转化和应用为基本目的的创造知识及其应用的过程,知识创新尽管也包括新思想的产生,但同时重点强调了知识的转化和应用。周光召院士将创新定义为运用知识取得经济和社会发展的过程;美国创新杂志定义的创新为运用已有的知识想出新办法、建立新工艺、创造新产品。

此外,在长期研究创新的过程中,人们慢慢发现可以根据创新的程度,将创新划分为五个级别(图1.1)。由图1.1可以看出,创新从大的方面可以分为知识创新和技术创新。知识创新以创造新知识为核心,是一个从无到有、从0到1的过程,是具有历史性和里程碑式突破的创新,是天才们为人类社会发展做出的杰出贡献,可遇而不可求,仅仅占整个创新的1%。技术创新以知识应用为基础,占比高达99%,实现的是从1到N的创新,这些创新是我们每一个普通人与生俱来的、能够参与其中的,同时也是使我们的生活和世界变得丰富多彩的创新,更是我们的创新主体企业所需要的创新。为了叙述与行文方便,同时契合人们的认知习惯,在本书中,若无特别强调,所提及的创新均指技术创新。

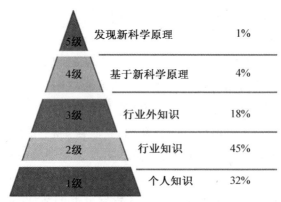

图1.1 创新的五个级别

技术创新指明了创新就是运用已有知识取得发展和效益的过程,但是,从指导创新实践的角度来看,我们还需要清晰地知道如何在运用知识的时候做到"新",以及如何去评判和审视我们创新的实践结果。为此,我们还需要对创新的特征做进一步的研究和探讨。

1.3 创新的特征

首先,新颖性是技术创新的第一特征,这一点毋庸置疑。其次,根据前文所述,技术创新是一个运用已有知识取得发展和效益的过程,技术创新的结果应该满足取得发展与效益这个必备因素,也就是要具备"创造利润和效益"的特征。站在今天的角度,我们还必须强调企业在技术创新过程中应该承担的社会责任,所以技术创新还应该具备第三个特征——"社会责任"。

1.3.1 如何做到新

由前文可知,技术创新是通过应用知识实现的。但是,应用知识容易,要达到创新的效果则是异常困难的,需要知识的巧妙应用,比如著名的曹冲称象的典故,正是通过巧妙地应用浮力原理知识,做到了创新,传为千古佳话。我们关心的是,在创新实践过程中,如何才能够做到知识的巧妙应用,从而达到"新"的效果呢?为回答这个问题,请看图 1.2 中的两个例子。

(a)
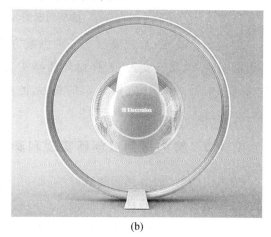
(b)

图 1.2 哪个才是创新

图 1.2(a)为将裤子反过来穿;图 1.2(b)为一款很独特的洗衣机,洗衣服的时候不需要水和洗衣液,洗得很干净而且速度很快。如果要问哪个是创新,恐怕大多数人会认为图 1.2(a)的创新微不足道,甚至存在其是否是创新的争议。但对于图 1.2(b)则大多数人会认为其显然是创新。根据图 1.2 中的例子,结合曹冲称象的典故,可以得出基本的结论:创新在于改变,而那些我们通常认为

做不到的改变,通过知识的巧妙应用实现了,那就是创新。

回想我们在实际工作中遇到比较难的问题时,绝大多数时候会有一个心理暗示"太难了,做不到",或者很轻易地回避困难,选择了容易实现的方式来完成,从而错失了很多的创新机会。将解决问题时知识应用的模型抽象为图1.3所示,解决一个问题往往存在着多种知识的选择,虽然能够引导我们去创新的知识应用只有图1.3(a)中的"知识X",但我们常常倾向于根据经验选择自己最熟悉的图1.3(b)中的知识用于解决问题,从而错过了创新的机会。

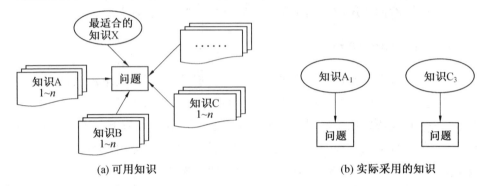

图1.3 解决问题的知识应用模型

创新在于改变,首先要改变一种思维方式,遇到困难的时候,将"这个问题不可能实现"思路转变为"怎样做才能够实现",自我设置更高的挑战门槛,然后将问题引导到巧妙应用知识的途径上去,从而满足创新的特征之——"新"。

1.3.2 努力做到以创新实现利润

技术创新的"创造利润和效益"特征,在创新鼻祖熊彼特最早提出创新概念时就已经指出:创新的目的是获得潜在的利润,即最大限度地获取超额利润。

图1.4所示为1930年在格拉斯哥建成的试验轨道,这种介于单轨索道和飞机之间的交通工具可以为大众提供一种极具魅力而且不会颠簸的旅行,时速可以达到120英里(1英里约合1.6千米),时称铁轨飞机。铁轨飞机在当时获得极高的评价,却由于没有获得项目投资,而最终在1937年破产,在1941年被拆毁,当作废品卖掉,以满足战时对钢材的需求。站在当时的角度,该项目的"新"毋庸置疑,但由于没有最终走向市场,因此不能够称之为真正意义上的创新。

图1.4 1930年建成的铁轨飞机

爱迪生一生的发明有2 000多项,能够为今人所熟知的却是电灯。究其原因,爱迪生除了发明出比较经久耐用的灯丝,更重要的是他通晓创新规律,组建了一个公司,解决了供电系统、变压器、电网、开关等问题,让电灯走向市场创造效益,为全人类带来了持久的光明。

1.3.3 必须兼顾社会责任

仅仅依据新颖性和利润两个特征来判定创新,仍然是不完整、不充分的。臭名昭著的毒奶粉事件中,添加三聚氰胺的目的是提高奶粉中的蛋白质含量;瘦肉精是为了迎合人们喜欢吃瘦肉,从而向猪饲料中添加的有害物质;地沟油则是经营者为降低成本而回收利用的已经用过的废油。显然,上述事件都具备新颖性,也为相关企业创造了利润,但能否称之为创新则一目了然。同样是地沟油,回收后用于航空燃料,或者为运送垃圾的车提供燃料,却实现了创新。

在某些国家,成千上万的新生儿因接触感染或因早产而夭亡,为此,慈善机构送去许多恒温箱,以期解决这些最为常见的新生儿健康问题。一方面,世界上许多贫困人口都生活在炎热潮湿的气候中,这样的气候常常会导致恒温箱出故障。另一方面,这类恒温箱设备又非常复杂,一旦出了故障,很难找到胜任的维修技师。在这种情况下,反而出现了恒温箱成为儿童杀手的不可避免的结果。

为解决上述问题,一家非盈利组织DTM,在"医学及创新技术一体化中心"(CIMIT)的资助下,利用汽车零部件,设计了一种低成本的婴儿恒温箱。这种恒温箱很好地解决了维修资源问题,而且成本低廉,能够更好地满足相关人员的使用需求。

由此可以看出，创新只有兼顾到社会责任，使产品真正为人们的生活带来便利和美好，才能够最终获得市场的认可。

1.4 技术创新方法

古语云"工欲善其事，必先利其器"，做一切事情皆有赖于方法，创新亦如此。由于拥有的工具与方法不同，即便在同一起跑线上起跑，最终的结果也可能会大相径庭。

如前文所述，技术创新就是通过创新创造财富，创造美好生活。但创新实践却是一个非常难的过程。具体原因如下。

创新困难之一，在于提出问题之难。在从事工程技术的过程中，一则日常总觉得到处是问题，当需要通过提炼总结，将问题真正提出来时，却发现我们对问题本身理解不够透彻，因此明确提出很困难；二则所存在的问题由来已久，长期没有解决，面对时已经麻木，需要解决时提不出来。

创新困难之二，在于没有解决问题的方法。问题虽然提出来了，但属于企业难题，甚至是行业难题，长期存在，由于对问题本身理解不够透彻，提不出有效的解决办法，因此选择性地忽略，任其继续存在。

创新困难之三，在于即便找到了解决方案，也不一定就能够采用。或者由于生产线太忙，不能够停下来；或者由于新方案受到某技术条件限制，不能够试验；或者由于害怕投入后获得的结果不理想，从而不愿意尝试新方案；等等。

正是由于诸多困难的存在，我们在进行技术创新时，才更加需要正确的方法来指导我们的实践过程。

1.4.1 创新方法是什么

著名的鸡兔同笼问题，最终解决只需要用到数字的四则混合运算，但对于没有学习过二元一次方程的人来说，其过程异常困难。在这个问题里，数字的运算为可用知识，而知识的应用只有通过方法，才能够变得容易和通畅。这个方法就是根据问题建立其应用知识的模型——二元一次方程组。

同样，对于基于知识应用的技术创新，我们希望有一种方法，在我们面对工程领域里的难题时，能够建立其问题模型，通过模型打破知识应用屏障，从而像解方程一样去解决实际工程问题。这就是创新方法。

1.4.2 选择 TRIZ 方法

培根曾经说过:"知识本身并没有告诉人们怎样运用它,运用的方法乃在书本之外。"人们在创新实践过程中,通过不断探索,总结出了很多用于指导人们创新的知识应用方法,比如试错法、头脑风暴法、测绘与仿制等。这些方法一直到今天,还在人们的创新过程中发挥着重要作用。

站在技术创新的角度,上述方法都或多或少存在一些问题,比如缺乏对问题本身的反思,对矛盾揭示不够;在引导知识应用的时候,缺乏系统性手段和途径;缺乏对最终解决方案的评价标准体系等。

TRIZ,是俄文 Teoriya Resheniya Izobretatelskikh Zadatch(转换为拉丁文)的首字母缩写,在欧美翻译为 Theory of Inventive Problem Solving,意即发明问题解决理论,由苏联发明家和创造学家根里奇·阿奇舒乐于 20 世纪 50 年代创立。针对工程领域里的问题解决,TRIZ 提供了 4 种问题模型,分别是技术矛盾、物理矛盾、物场模型和 HowTo 模型(问题使能模型),用户可以借助图 1.5 所示 TRIZ 的问题解决流程,像解方程一样建立通达知识应用的途径。

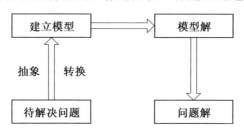

图 1.5　TRIZ 的问题解决流程

根里奇·阿奇舒乐不仅在 14 岁就拥有了自己的发明专利,而且一生致力于发现发明背后隐藏的规律。他通过多年对大量的专利文献进行搜集、整理研究、归纳提炼,发现了隐藏在发明背后的规律,即发明方法在不同的行业可以重复使用,技术系统的发展进化不是杂乱无章的,而是像生物系统一样遵循着进化规律。他提出了奠定 TRIZ 理论基础的 40 个创新原理,并陆续提出了一系列问题解决模型,建立起一整套体系化的实用发明问题解决理论。他提出的资源分析及应用概念为问题解决方案的评价提供了基础和依据。

因此,相比传统创新方法,TRIZ 理论是一套完整且自成体系的理论和方法,它提供了多种系统性的引导知识应用的手段和途径,而且提供了解题方案评价标准体系。

1.4.3 TRIZ 的适用范围

选择应用 TRIZ 方法,关键是要知道 TRIZ 适用于什么类型的工程问题,尤其是对于初学者来讲,知道这个问题的答案更加重要。为了说明 TRIZ 的适用范围,我们将问题分为三类。

第一类为简单问题,即问题和答案都很简单明确。比如,现有的设备不能够满足生产要求,需要购置新设备;目前的数据通过人工统计,容易出现错误,需要开发一套系统,由计算机代替人工自动完成工作;某个产品的配方中水添加多了,需要计算一下多少水分更合适;等等。日常工作中,遇到的试验验证类、数据处理类、数学问题类、常规设计类等,大多属于该类问题。

第二类为复杂问题,即问题很明确,但答案模糊不固定。比如,如何提高某个产品工作时的密封性,问题本身很明确,但是解决方案涉及产品工作原理、结构、每个组成部分的状态、所处的环境等,而且答案有多种;再比如,如何将生产线上某个产品的成本降低 20%,问题也很明确,但解决问题牵涉该产品生产的各个环节上的众多因素,解决方案同样存在着多种可能性。一般来讲,那些需要产生新思路、允许一定的变动范围的实体技术系统,如机械、装置、结构改进优化方面的技术系统,或者工艺流程相关的技术系统等大多可以划归第二类问题。

第三类问题为抗解问题,属于难以程式化的系统问题,问题和答案都不明确,解决起来更加困难。抗解问题本身有着一系列互相交织和互相制约的问题,并且处在不断的变化中。其解决方案也不固定,每个解决方案都会在原有问题上揭示出新的问题,解决问题的终结不是找到了完美的解决方案,而是耗尽了解决问题需要的时间或资源。每个抗解问题都是独特的,很难事先模拟和验证解决方案。比如,某个市场上没有的全新商品,在投放到市场前,是无法事先知道其对企业的影响的。

上述三类问题中,TRIZ 方法适合第二类复杂问题。对于第三类问题,如果工程技术人员通过深入研究分析,能够将问题的维度降低,使之过渡到第二类问题,就可以借助 TRIZ 方法完成后面的方案寻找过程。不管哪类问题,要想寻找到理想的方案,都要求提出者对问题细节具备相当的熟悉程度。

1.5 TRIZ 方法概览

1.5.1 TRIZ 方法的发展与传播

TRIZ 方法早在冷战时期就引起了关注,苏联与美国军备资源相差甚远,但却仅用很少的战略资源就建立了与美国势均力敌的军备力量。美国等西方国家惊异于苏联在军事、工业等方面的创造能力,通过努力发现了称之为"神奇的点金术"的方法,虽经多方觊觎,始终没有能窥探到其真面目。直至苏联解体,才发现"神奇的点金术"就是 TRIZ 方法,并迅速传播到了国外。

应用 TRIZ 方法取得巨大成功的企业代表是韩国的三星公司。这家成立于 1969 年的公司,到 1998 年经过了差不多 30 年的发展,一直是韩国国内的一家著名企业。但是,从 1997 年开始到 2006 年,短短数年,凭借以 TRIZ 为核心的技术创新理论和方法实施所造就的创新企业文化,获得突破式发展,由一个技术上的"跟随者"成为"领跑者",成长为一家著名的世界跨国公司。表 1.1 为三星公司应用 TRIZ 的简单历程。

表 1.1 三星公司应用 TRIZ 的简单历程

年份	事件
1997	三星电子引入 TRIZ,邀请十多名苏联 TRIZ 专家在研发部门进行 TRIZ 培训
1998	三星先进技术研究院实施 TRIZ 节省 0.912 亿美元的研发费用。同年,三星电子第一次进入美国发明专利授权榜前 10 名
2001	三星电子 TRIZ 在半导体和打印机项目中的成功应用产生经济效益超过 1 千万美元,并获得 12 项发明专利
2003	三星集团在 67 个研发项目中应用 TRIZ,节约研发经费 1.5 亿美元,并获得了 52 项专利。三星 TRIZ 协会成立,由于成就突出,成为国际 TRIZ 协会唯一的企业会员
2000~2004	三星电子在美、欧、亚的各项顶级设计大赛中共获得 100 多项大奖,其中 2004 年获得 33 项大奖

图1.6为TRIZ方法的简单发展历程,从图中可以清楚地看到,1993年苏联解体后,方法传播到了美国,我国于2004年引入该方法。

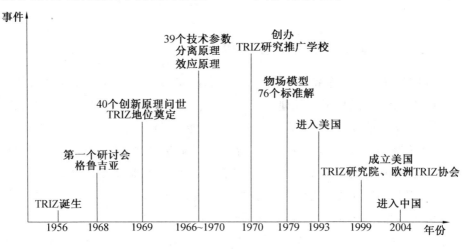

图1.6 TRIZ的发展历程

1.5.2 TRIZ方法的本质

TRIZ方法引入我国后,被音译为"萃智",该翻译很好地诠释了该方法的本质。概括来说,它包括两个方面的内容:"智"是基础,所谓"智",指的是人类在不断改造历史过程中积累的宝贵知识,尤其是那些经过知识工程结构化处理的知识库、大数据等;"萃"是核心,这里的"萃"既指从海量的知识库中快速找到赖以创新的知识,也指"萃取"技术,即创新方法自身理论的完善和发展。

1.6 TRIZ的解题特征

TRIZ提出了用于克服思维惯性的5种创新思维方法,分别是IFR(Ideal Function Result)法、小人法、九屏幕法、STC算子法、金鱼法等,如图1.7所示。

TRIZ的解题特征体现在其整个理论体系之中,在此仅对IFR法和九屏幕法加以讨论。

1.6.1 IFR法

当我们对一个技术系统进行改造时,为了能够合理评价获得方案的"好"与

第1章　创新方法与TRIZ理论

图1.7　TRIZ中的创新思维方法

"坏",IFR思维方法不仅提出了理想度的概念,而且给出了理想度公式(1.1),辅助项目实施人员进行判断和评估。

$$理想度 = \frac{\sum 有用功能}{\sum 有害功能 + \sum 成本} \quad (1.1)$$

根据公式(1.1),增加技术系统有用功能,减少其有害功能或者降低其成本,都是提升系统性能的途径。为便于实际操作,IFR法还提供了如下步骤,以不断设问的方式,引导使用者回答思考,从而克服思维惯性,启发他们向理想解方向前进。

(1)设计的最终目的是什么?
(2)IFR是什么?
(3)实现IFR的障碍是什么?
(4)不出现这种障碍的条件是什么?
(5)创造这些条件时可用的资源是什么?

在20世纪90年代的大学校园里,自行车能够为人们提供很多便利,因此受到同学们的喜爱,这也为居心叵测的人提供了一个机会,他们通过偷盗自行车再低价贩卖以不正当获利。笔者那时正在念大学,一天晚上借同学的自行车去教室取忘记拿的书,教室在三楼,为方便就将自行车锁在教学楼下,很快取完书下楼时,自行车已经不翼而飞。那时的自行车锁大致有两种,一种是刚性的圈型锁,一种是链条锁,都是通过阻止(一个)轮子转动防止车子被盗的。就自行车上的零部件来说,锁的功能值应该比较低,而且其作用显然是不足的,这一点从上述例子就可以看出。那么,如何运用IFR法,对自行车锁进行改进呢?

根据IFR应用步骤，我们首先明确设计的最终目的是防止自行车被盗，然后提出IFR解——不用锁（因为锁的功能值低且作用不足）。接下来会发现实现IFR的障碍是车子更容易被盗，那么解决这个的障碍的条件就是消除偷盗想法或者欲望。其实，通过上述4个步骤，我们明确了解题方向，最后，解决问题靠资源——寻找消除偷盗想法或欲望的资源。

寻找什么样的资源呢？其实，理想度公式已经告诉我们了，寻找那些框架内的资源，比如自行车上的其他零部件，或者那些廉价的、容易获得的资源，因为这些资源才能够在消除功能缺陷（自行车锁作用的不足就是功能缺陷的一种，关于功能缺陷，后文有详述）的同时，显著增加功能值。

至此，解决自行车锁改进问题的思路已经被彻底打开，一方面可以借助自行车自身的零部件，如车座、辐条、轮子、车架等防止车子被盗；另一方面通过自行车周边环境，比如监控摄像头、无线信号、网络、基于网络应用的大数据、手机应用等防止车子被盗。这么多的资源，相信拥有不同领域知识、具有不同工作经历的读者都会找到自己满意的答案。但这不是重点，重点是IFR法让我们看到了TRIZ方法的解题特征——在框架内寻找资源，以更易获得、更为廉价的资源，保证我们获得所需要的理想解。

1.6.2 九屏幕法

从上文我们知道，TRIZ的解题特征是寻找并应用理想资源（更易获得、更为廉价），九屏幕法的主要作用正是在辅助项目实施过程中寻找理想资源。

图1.8为九屏幕法用法示意图。由图中可见，分析可用资源时，以当前技术系统为基础，一方面向系统层级的超系统、子系统辐射，另一方面沿着每一个

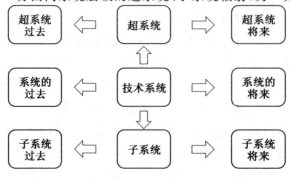

图1.8　九屏幕法

系统层级在过去—现在—将来时间维度上展开,辅助使用者全面查找可用资源,提供更加广阔的视野,启发和帮助使用者寻找到更加适合的问题解决方案。

1.7 小　　结

知识创新是一个从 0 到 1 的创造知识的过程,技术创新是一个从 1 到 N 的知识应用的过程。

技术创新的实现过程是很难的。首先难在提出问题,日常工作中,企业技术人员感觉到处是问题,真正需要发现问题的关键点并明确提出来时,才发现这是件很困难的事;其次,解决问题很困难,有些问题确实理清楚了,也提出来了,解决时却发现无从下手;最后,问题解决了,方案提出来了,但将方案转变为物理实体时更难,时间够不够？风险如何控制？时间成本、人财物成本的付出是否值得？这些都制约着技术创新的最终成功。

解决难题靠方法,在技术创新过程中,TRIZ 方法提供了从问题提出,到解题思路打开以及最终方案评价等一系列的方法和工具,可以很好地帮助我们从 1 向 N 迈进。

第 2 章　因果分析方法

2.1　因果关系

在实际工作中遇到复杂、难以解决的问题时，初始状态常常是一团乱麻，从哪里入手使人困惑，高明的工程师则通过查找问题发生的原因，不断地梳理、深入问题，使得模糊的问题逐渐变得明朗、清晰，并借此发现易于解决问题的入手点。因果分析方法正是在此过程中发挥关键作用的一种分析方法和工具。

2.1.1　因果关系的概念

因果关系是因果分析方法的基础。对因果关系的哲学研究历史悠久，哲学家亚里士多德在 2 000 多年前就已经提出了因果问题，该问题仍是现代哲学的重要课题。一般来说，原因和结果与变化或事件有关，在长期的生产实践过程中，人们观察到事件 A 的发生导致事件 B 的发生，二者之间存在必然的关联，人们把这种事件发生之间的关系称之为因果关系，从这个角度来讲，因果关系也可以称为因果关联。

2.1.2　因果关系的特点

因果关系具有客观性、特定性、时序性、条件性和具体性以及复杂性等特点。

因果关系具有客观性，不以人的主观意志为转移，在分析确定因果关系的时候切忌臆测。主观臆测是人们在不经意之间所犯的经常性错误，古时候有个故事《邻人疑斧》说的就是这种情况。日常生活如此，面临更为复杂的实际问题时更容易出现这种现象，这就要求我们在进行因果分析的时候一定要多方位思考，力求找到客观原因。

因果关系具有特定性特点。比如，点亮蜡烛就会照亮房间，对于这两个事件构成因果关系来说，如果点亮蜡烛时被遮挡住了，房间就不会被照亮，这就是因果关系特定性的表现。因果关系的特定性告诉我们,在确定因果关系时,一定要将单个现象孤立出来,单独进行考察。

原因事件发生于结果事件前面,这就是因果关系的时序性。因此,在确定因果关系时,要从前一个操作或流程出发去寻找原因,寻找结果时则要倒过来。

因果关系的条件性和具体性告诉我们,分析因果关系时,一定要考虑具体的条件。比如,通常水在加热到 100 ℃ 的时候沸腾,而在 0 ℃ 的时候结冰;如果加热到 100 ℃ 或者更高的温度,水会结冰吗?麻省理工学院就在实验中发现,把水放在碳纳米管内,加热到 105 ℃ 时出现了结冰现象。

如果问一个问题:你早上起床后,是先烧水还是先泡茶?恐怕不同的人会给出不同的答案,这其实反映的是因果关系的复杂性。对于工程问题,因果关系的复杂性表现得更为明显。因此,在分析确定问题发生原因的时候,一定要反复揣摩,认真研究。

2.2 因果分析方法及作用

2.2.1 因果分析方法缘起

因果分析方法缘起于丰田的 5why 分析法,又称"5 问法",也就是对一个问题点连续以 5 个"为什么"来自问,以追究其根本原因。该方法的关键是鼓励解决问题的人要努力避开主观或自负的假设和逻辑陷阱,从结果着手,沿着因果关系链条,顺藤摸瓜,直至找出问题发生的根本原因。5why 分析法由丰田佐吉提出,最初在丰田汽车公司内部应用于制造方法学的发展完善过程,后来其应用范围不断拓展,被广泛应用于持续改善法、精益生产法以及六西格玛法等的实施过程之中。

5why 分析法应用的典型案例:在某汽车公司的某个车间,一台设备总是停机。针对这个问题的 5why 分析过程如下。

★问题 1:机器为什么停转?

答案 1:因为超载,保险丝烧断了。

★问题 2:为什么会超载?

答案 2:因为轴承的润滑不足。

★问题 3:为什么轴承会润滑不足?

答案3:因为润滑泵失灵,润滑油吸不上来。
★问题4:为什么润滑泵会失灵?
答案4:因为润滑泵的轮轴磨损失效了。
★问题5:为什么轮轴会磨损失效?
答案5:因为混入了铁屑等杂质。

以前的解决方法只是换根保险丝,明显没有从根本上解决问题,因此问题仍然反复出现。而经过5why分析法找到根本原因后,采取了在润滑泵上加装滤网的解决方法,从而使问题得以彻底解决。图2.1是根据该案例扩展的因果分析示意图。

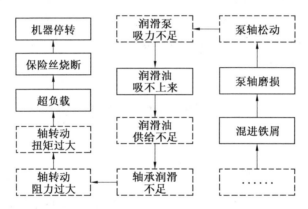

图2.1 案例因果分析示意图

由图2.1可以看出,因果分析方法虽然缘起于5why分析法,但其所包含的内容更加丰富。图示只是为了说明因果分析方法,并没有完整给出因果分析全貌,由最后的省略号框可知,因果分析方法相对于5why分析法,在寻找因果链过程中具有非常鲜明的两大特点。

(1)因果分析方法分析问题更细致,查找原因更详尽,如图2.1中虚线框部分。更详尽细致的问题分析,无疑为工程师提供了更加丰富的解题途径,使得解题方案具有更大的选择空间,有可能从中综合对比出使解题方式更加高效便捷、解题成本更加低廉的解决方案。

(2)因果分析方法追踪原因更彻底,从省略号框部分开始,一方面追踪没有遮挡过滤铁屑等杂质的原因,另一方面追踪铁屑等杂质产生的原因。这些原因的追踪能帮助工程师找到更加合理的解决问题的途径。

2.2.2 因果分析方法的概念

因果分析方法是一种分析梳理问题的方法,通过该方法可以构造一条基于问题的因果链,以图示的方式直观展现问题的发展演化过程,为发现解决问题的突破点提供直观的支持和帮助。具体讲就是,分析问题时,首先将当前问题视为现象,寻找导致其发生的直接原因,然后将找到的直接原因视为现象,继续寻找其直接原因,通过直接原因的不断向前追溯,可以得到一系列的因果节点,将原因与结果节点之间用箭头连接,箭头方向由原因指向结果,可以得到一条原因链;同样道理,通过将问题视为现象,发现该现象导致的直接结果,然后将得到的直接结果视为现象,继续发现直接结果,不断向后追溯,可以得到一条结果链。原因链与结果链统称因果链,发现与寻找因果链的过程称之为因果分析。由于原因与结果具有不唯一性,因此,实际的因果链是如图 2.2 所示的复杂链条,而非单一的链条。

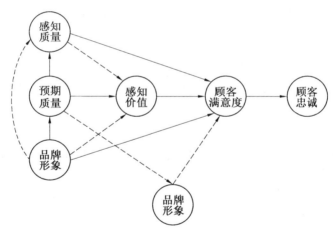

图 2.2 因果链示意图

因果分析方法的作用是确定系统边界,把握问题的变动范围,为解决问题寻找突破口,因此,在构造因果链过程中,应按照以下原则确定原因或结果寻找的结束时机。

直接原因寻找结束时机:当无法找到上一层原因时;当达到自然现象时;当达到制度/法规/权利/成本等的极限时。

直接结果寻找结束时机:当不能找到下一层结果时;当出现重大人员/经济/环境损失时;当达到技术系统可控极限时。

2.3 因果分析辅助手段

因果分析过程中,始终坚持寻找直接原因是为解决问题提供思路的基本原则。很多时候,某一现象的直接原因并不能轻易地被发现,往往需要借助一些辅助手段,如假设检验、试验设计、故障树分析、鱼骨图、失效模式与影响分析(FMEA)等方法。

假设检验是数理统计学中根据一定假设条件由样本推断总体的一种方法。根据问题的需要对所研究的总体做某种假设;选取合适的统计量,根据实测的样本,计算出统计量的值,并根据预先给定的显著性水平进行检验,做出拒绝或接受假设的判断。

试验设计,也称为实验设计,是关于如何按照预定目标制订适当的实验方案,以利于对实验结果进行有效的统计分析的数学原理和实施方法。试验设计需要考虑试验所要解决的问题类型、对结论赋予何种程度的普遍性、希望以多大功效做检验、试验单元的齐性、每次试验的耗资耗时等方面,选取适当的因子和相应的水平,从而给出试验实施的具体程序和数据分析的框架。从20世纪20年代费希尔在农业生产中使用试验设计方法以来,试验设计方法已经得到了广泛的发展。20世纪50年代,日本统计学家田口玄一将试验设计中应用最广的正交设计表格化,为试验设计的更广泛使用做出了众所周知的贡献。

故障树分析是由上往下的演绎式失效分析法,分析系统中不希望出现的状态。故障树分析主要用在安全工程以及可靠度工程的领域,用来了解系统失效的原因,并且找到最好的方式降低风险,或是确认某一安全事故或特定系统失效的发生率。

鱼骨图由日本管理大师石川馨发明,故又名石川图。鱼骨图是一种发现问题"根本原因"的方法,其特点是简捷实用、深入直观。图示看上去有些像鱼骨,问题或缺陷(即后果)标在"鱼头"外,在鱼骨上长出鱼刺,上面按出现机会多寡列出产生问题的可能原因,有助于说明各个原因之间是如何相互影响的。

FMEA是在产品设计阶段和过程设计阶段,对构成产品的子系统、零件,以及构成过程的各个工序逐一进行分析,找出所有潜在的失效模式,并分析其可能的后果,从而预先采取必要的措施,以提高产品的质量和可靠性的一种系统化的活动。

2.4 因果分析方法的作用

2.4.1 发现解决问题的关键点

面临问题时,首先进行因果分析,往往能够帮助人们发现解决问题的关键点,避免走弯路。

有这样一则小故事:动物园里面的袋鼠从笼子里跑了出来,动物园管理员赶忙找人把关袋鼠的笼子加高了一米。结果,第二天袋鼠仍然从笼子中跑了出来,于是管理员又将笼子加高了一米。本以为袋鼠再也不可能从笼子中逃跑,但事实却是,袋鼠们又出现在笼子外面。管理员于是又将笼子加高了两米。旁边笼子里的河马问袋鼠:"你们觉得管理员把笼子加高到什么地步才算完?"袋鼠说:"不知道,只要他继续忘了锁门的话,加高到多少米也是没有用的。"

现实当中遇到问题时,人们往往就像上述那个管理员一样,急切地采取补救措施,而不是去仔细分析问题,从而导致解决问题时事倍功半。

请读者认真思考下面这个问题:某建筑物外墙的花岗岩总是脱落,不断修补花费不菲,怎么办?建议先思考一下解决方案,然后再往下寻找答案。

相信有实际工作经验的读者会想到不少解决问题的方案。现在,我们一起看一下图 2.3 给出的关于这个问题的因果分析形成的因果链。

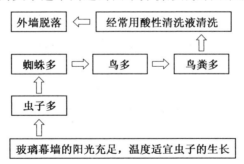

图 2.3 花岗岩脱落因果分析

相信看完图 2.3,读者朋友们会想出与刚才不一样的解决问题的方案。比如,或者通过成立项目组,寻找不具有酸性的溶液但仍然能够将鸟粪清洗干净的方法;或者通过驱赶鸟,采取生物学方法消灭蜘蛛或者虫子等办法解决问题;或者想办法遮挡阳光,破坏虫子的生长环境等。

这个例子是创新方法课程上老师经常要举的一个非常典型的例子,它告诉我们遇到问题时应该首先进行因果分析,发现解决问题的关键点,然后才能够事半功倍,寻找到解决问题的有效途径。

2.4.2 用结果分析方法解决解题成本高的问题

对于有的问题,从源头上解决问题时,往往需要付出很大的代价和成本。这个时候,不妨换一下思路,看看能不能从控制结果发生的角度寻求到成本代价较低的解决问题的途径。

例如,现在一到冬天,雾霾问题比较突出。图 2.4 为关于雾霾问题的一个简单原因分析链条。从原因分析链条上看,显然解决该问题需要付出很大的代价和成本。因为无论是生产还是汽车,显然不能够停止生产和使用;即使砍伐树木得到了控制,要在短时间内种出大量树木也是不可能的。

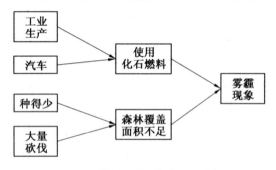

图 2.4 雾霾问题的简单原因分析

针对上述问题,换一个角度,从控制结果出发,得出图 2.5 所示的结果链条分析。

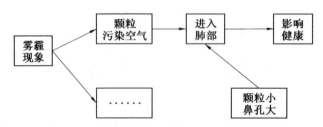

图 2.5 雾霾问题的结果链条分析

2.4.3 辅助问题以系统视角从全局展开

以系统视角,从全局看问题是寻求到最佳解决方案,从而彻底解决问题的关键。然而,在实际工作中遇到问题时,人们的思路与眼光容易被问题发生的局部所羁绊,难以从系统化认识角度展开全局思考。运用因果分析方法,可以很自然地引导人们通过全局或全流程展开问题梳理,使人们在解决问题时,能够以系统化的视角,站在更高的层级将问题看得更准确、更清晰。

日常生活中,人们为了保护桌面上的油漆不被装着滚烫热水的杯子烫伤,采取的措施是在桌子上放置一个杯垫,为了验证因果分析方法的系统化视角,作者围绕着桌面被烫伤问题尝试进行了因果分析,结果如图2.6所示。

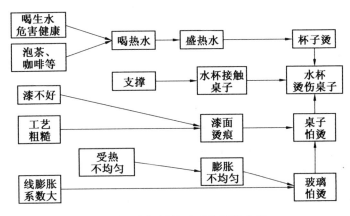

图 2.6 水杯烫伤桌面的因果分析

从图2.6中可以看到,在因果分析方法引导下,从水杯烫伤桌子问题展开,不断追溯,发现桌子被烫伤不仅与桌子的材料、制造工艺相关,而且涉及喝热水的原因在于喝生水危害健康或者泡茶、咖啡等,使我们看到了围绕该问题的整个系统。根据上述分析,解决桌面被烫伤的方法不仅仅局限于杯垫,而是可以从桌子制造工艺、选材角度,甚至从生产新型的可以溶解于常温水的茶、咖啡,或者进一步对水进行处理,使得常温下饮用生水对人体无害等方面,解决这一问题。显然,如果不进行因果分析,很多桌面被烫伤的影响因素,甚至很关键的影响因素是不会被发现的,而围绕这些因素能够采取的解决问题的方案,自然也就无从谈起。

第 3 章 系统分析

3.1 系统与系统分析

"头痛医头,脚痛医脚"出自《黄帝内经》,通常形容医术非常差的医生,面对患者出现疾病的症状,只会直接对患病部位进行治疗,使症状消除,而不是找出疾病的真正根源,从而进行根治,结果只能是治标不治本。现在常常用于比喻处理问题不从全局考虑,什么地方有问题就在什么地方解决,临时应付。

系统分析就是站在全局角度,通过将系统各个部分进行解剖分析,从而发现问题的关键点,避免"头痛医头,脚痛医脚"。系统分析在实际应用中,又包括功能分析与组件分析两个模块,这两个模块分析内容相同,但在分析表现形式上不相同。具体来讲,现实中的问题分为新系统/产品设计和已有系统/产品的改进两大类型,新设计过程中不断对功能进行分解,最终形成产品逻辑上的功能树,该过程就是功能分析。在已有系统/产品改进过程中,需要将构成系统或者产品的组件逐个按照功能进行分析,以发现问题,寻找解决问题的突破口,该过程是以组件为载体进行功能分析的,因此称为组件分析。

3.2.1 系统及其特点

系统在人们认识事物的过程中起着非常重要的关键作用,其研究很早就开始了。"系统"一词源于古希腊语,中国古代提出了天人合一的大系统观,亚里士多德也提出过"整体大于部分之和"的观点。系统是人们研究问题,尤其是研究复杂问题时的有效抓手,相关学者提出了很多定义,比如钱学森院士将系统定义为"由若干要素以一定结构形式联结构成的具有某种功能的有机整体";塔姆别克将系统定义为"相互联系在一起的、有组织的、为了完成共同目标的多个物质的组合"。

这些不同的定义在表述方式上虽然有差异,但是都揭示了构成系统的两个关键因素。其一是系统的组成部分或要素,其二是这些要素之间的联结关系,即系统结构形式。当系统构成要素,即组成部分确定后,系统结构形式成为影响系统性能的关键因素,因此,人们常常根据这一点将系统划分为良性结构形式和恶性结构形式。良性结构形式与恶性结构形式的关键区别在于,该结构形式下的系统整体是否协调,图3.1给出了几种不同结构形式的骑行车,其结构是良性的还是恶性的?请读者从外观和使用两个角度做出判断。

图3.1 几种不同结构形式的骑行车

图3.1(d)中自行车属于良性结构形式,图3.1(a)和图3.1(b)中的骑行车属于恶性结构形式,无论从外观还是使用角度,该结构形式显然都不合适。而图3.1(c)中的骑行车从外观看,可以算是良性结构形式,但从骑行的角度看,如果依靠人力提供驱动力,显然骑行困难,所以从使用角度看,它属于恶性结构形式。

系统具有整体性、关联性、目的性和层级性等特点。系统具有整体性特点,因为整体大于部分之和,以一定结构形式构成的系统整体,表现出其各个构成部分在孤立状态下所不具备的功能。系统的关联性表现为两个方面,一方面是系统构成部分之间的关联性,另一方面是系统与环境之间的关联性。所有的系统都是为一定目的而设计的,其诞生和存在均具有目的性。此外,人们常常根据系统的上下级或者从属关系,将系统划分为超系统、系统和子系统,这就是系统的层级性。站在当前系统的视角上,子系统是组成当前系统的要素;而由当前系统作为组成部分的更上层系统,是当前系统的超系统。

根据系统的特点,在进行系统分析时,要围绕系统的特点和分析目标,确定合理的层级作为分析对象,然后以系统整体性思路,紧紧围绕该系统层级的功能(系统的目的性),从系统内部的关联,以及系统与环境之间的关联全面展开分析,以避免分析过程中遗漏信息。

3.1.2 系统分析的作用

系统分析是一种分析方法,更是一种智慧,在解决问题的过程中,如果运用得当,可以起到事半功倍,甚至是化腐朽为神奇的作用。下面的两个古人的大智慧,就是从全局出发,系统分析并解决问题的鲜明例证。

其一为《梦溪笔谈》中记录的丁渭造宫殿。北宋年间,有一天皇城(今河南开封)不慎失火,导致宫殿被烧,皇帝诏令大臣丁渭组织工人限期重修。当时,既无汽车、吊车,又无升降机、搅拌机,一切工作都只能人挑肩扛。一方面皇宫高大宽敞、富丽堂皇、雕梁画栋,建设十分考究,工程浩大,需要耗费大量的砖、砂、石、瓦和木材等;另一方面,皇城周边有大量其他建筑和民居。要在规定时间内完成任务,丁渭面临三大难题,一是京城内烧砖之土哪里来;二是大量建筑材料如何运进城;三是如何处理大量的建筑垃圾。如何按圣旨完成皇宫修复任务,做到又快又好呢?丁渭经过反复思考,将皇宫修复的全过程看作"系统工程",形成了巧妙的施工方案。首先,他在皇宫前面的一条大街上,挖了一条又深又宽的沟渠,用挖出的泥土烧砖,就地取材,解决了第一个难题;然后,把皇城附近的汴河水引入挖好的沟渠内,形成了一条临时运河,解决了砂子、石料、木头等建筑材料的运输问题;最后,将建筑垃圾填入临时运河,恢复了皇宫前面宽阔的大道。这是一个非常杰出的方案,当时就被古人赞誉为"一举而三役济",不但提前完成了这项修筑任务,而且"省费以亿万计"。

其二为大家熟知的田忌赛马。田忌赛马出自《史记》卷六十五,故事讲述的是田忌与齐王赛马过程中,屡赛屡输,直到有一天采用了孙膑的策略,利用下等马对阵齐王的上等马,上等马对阵齐王的中等马,中等马对阵齐王的下等马,从而三赛二胜,赢得了比赛,使得从未输过比赛的齐王目瞪口呆。从系统分析角度看,孙膑的智慧在于首先将马群这个整体划分为不同的组成部分,形成了系统层级,然后从系统组成部分相互联结方面入手,对系统结构进行调整优化,从而使得系统性能得到了提升,起到了化腐朽为神奇的作用。这个例子告诉我们,在实际工作中,即便对于那些看似单一的事物(比如这里的马群),也可以用系统分析的思想,想办法分解系统形成层级,得到不同的组成部分子系统,再对不同组成部分进行结构上的优化调整,使得看似很难的问题得到解决,达到意想不到的效果,从而实现创新。

3.2 面向新产品设计的功能分析

功能是对象能够满足某种需求的一种属性,从这个角度讲,满足使用者现实需求的属性是功能,而满足使用者潜在需求的属性也是功能。功能作为满足需求的属性具有客观物质性和主观精神性,称为功能的二重性。功能在人们设计系统/产品,认识系统/产品,改善系统/产品的过程中,起着极为重要的作用。为了方便统一描述与理解,人们规定以"动词+名词"的模式表示功能,其中,动词用来描述功能的作用,名词用来描述功能的作用对象。

功能的定义、特点及描述方法是功能分析的基础,功能分析是设计、认识系统/产品的极为重要的工具,下面从系统化产品设计思维与站在功能角度看产品两个方面进行阐述。

3.2.1 系统化的新产品设计思维

1. 系统化设计思维

产品的系统化设计思维源于系统化设计理论,是 G. Pahl 和 W. Beitz 在吸取了德国许多学者的思想和成就的基础上,在 1977 年的专著《设计学》中提出的,该理论将产品设计划分为明确任务、概念设计、具体设计和详细设计四个阶段。产品本身就是一个系统,是由若干功能(单)元组成的,实现一定功能的技术系统,各功能元之间有着规定的逻辑联系和有序作用。从系统化设计思维看,产品设计过程中,绝大部分创新是在明确任务、概念设计这两个前期阶段完成的,因此,本书中对新产品设计的探讨集中在该前期阶段。在此阶段,新产品设计包括需求分析、功能分析与分配和设计综合三个基本活动。下面逐一展开讨论。

(1)需求分析。

需求分析活动属于明确任务阶段的内容。在该阶段,要根据功能的特点,充分考虑和挖掘客户潜在需求,充分理解客户的主观精神性要求,最终将用户需求转化成可理解的、清晰不含糊的、广泛综合的、完全的和简明的,以"动词+名词"形式描述的模式,并在充分考虑环境条件等设计约束因素的情况下,确定系统的总功能。

需求分析阶段是产品设计过程中,非常困难而又非常重要的阶段,尤其难在挖掘客户的潜在需求和其主观诉求向客观转换方面。两家企业为合作伙伴,一次,甲企业负责人去乙企业洽谈业务,由于匆忙忘了带充电器。乙企业负责人交代秘书代为购买充电器,该秘书经思考,买了电池而非充电器,甲企业负责人非常满意。事后秘书分析说:"甲企业负责人的客观需求是要手机能够通话,虽然其主观要求是充电器,但充电器在他出差回去后就没有用了,但电池却不同,回去后仍然可以用。"现实当中的问题与之相比,情况更加复杂,如何将客户主观上的、潜在的需求发掘出来,形成客观功能,使得客户满意,是需求分析的关键与难点。尤其当面临设计约束时,问题往往变得更加复杂。比如,客户需要一把红酒开瓶器,该如何满足其需求?你能够想到设计一款图3.2所示的红酒开瓶器吗?

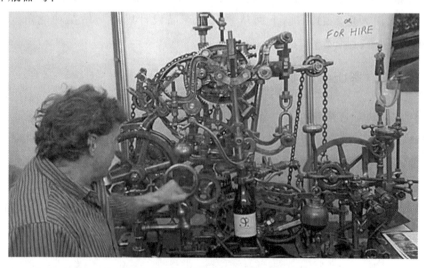

图3.2 史上最复杂的红酒开瓶器

需求分析阶段,通过深入分析用户需求,识别其所包含的功能、性能、接口,充分挖掘出客户的主观及潜在要求,转换成能指导设计活动的、条理清晰的描述,确定出产品总功能,然后进入功能分析与分配阶段。

(2)功能分析与分配。

根据需求分析阶段确定的总功能,分解并列出为完成总功能需要搭建的第一层子功能,然后再将第一层中的每一个子功能继续分解向下展开。按照实现产品功能的需要,将确认的高层次功能按逻辑顺序依次分解到低层次功能上,形成产品功能架构的初步逻辑描述。

功能分析与分配过程直到达到最低层功能,即功能元为止。功能元是一些最基本、没有必要再做细分的基本功能,它通常和机械结构中的总成、部件、元器件等相对应。

依据上述产品功能架构的初步逻辑描述,按照功能分类对功能进行整理合并,去除不必要功能和重复功能,保留必要功能,完成产品最终功能分解逻辑图。

(3)设计综合。

设计综合阶段是形成产品物理结构的一个重要的创造性阶段。以功能分析与分配过程中形成的功能分解逻辑图作为起始点,通过定义能执行功能的物理组件,将产品由逻辑结构转换成物理结构。

首先求解功能元。在选择机械学、电子学、磁学、光学、热学、仿生学等功能元工作原理的基础上,检索相关功能载体,根据需要进行必要的修改与集成,最终得到能够实现功能元的多种功能载体。

全部功能元求解完成后,可以得到表 3.1 所示的形态矩阵。其中行数 n 为功能元数,列数 m 为实现一个功能元的最多的载体数。根据表 3.1,可以得到的产品型号规格方案数共计 $a_k \cdot b_l \cdots n_m$ 种。从中选择不同的功能元载体,可以得到不同型号规格的产品。

表 3.1 功能元求解形态矩阵

功能元	功能载体								
a	a_1	a_2	⋯	a_k					
b	b_1	b_2	⋯	b_k	⋯	b_l			
⋮			⋮						
n	n_1	n_2	⋯	n_k	⋯	n_l	⋯	n_m	

2. 一种沥青混凝土生产装置设计案例

一种沥青混凝土由两种一定量的石料,两种一定量的石粉,与一定量的沥青按一定比例均匀混合而成。根据需求,确定系统总功能为称量搅拌物料。

根据系统总功能进行功能分析与分配,得到产品的功能分解逻辑图,如图3.3所示。图3.3中,结合产品总功能的实现,对得到的功能元进行整理合并,共计得到动力源、传动装置、(运送物料)执行机构、称量物料(装置)、(搅拌物料)执行机构五个功能元,表3.2所示为求解各个功能元得到的功能载体形态矩阵。

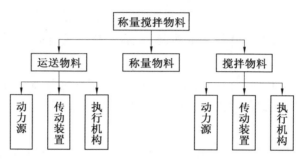

图3.3 沥青混凝土生产装置功能分析与分配示意图

表3.2 功能元形态矩阵

功能元	功能载体				
动力源	电动机	汽油机	柴油机	液压马达	电动马达
传动装置	齿轮传动	蜗轮传动	带传动	链传动	
(运送物料)执行机构	盘	斗			
称量物料(装置)	机械台秤	电子台秤	机械磅秤	电子磅秤	
(搅拌物料)执行机构	机械搅拌	振动搅拌	气流搅拌	射流搅拌	

根据表3.2中的功能元求解结果,共可以得到$5\times 4\times 2\times 4\times 4=640$种规格型号不同的沥青混凝土生产装置。

3.2.2 站在功能视角看待工程问题

1. 技术系统

这里的技术系统是TRIZ理论的术语之一。在对工程问题进行系统分析时,常常要将问题的一部分截取出来作为研究对象,TRIZ理论将该研究对象称为技术系统。图3.4是由阿奇舒乐提出的技术系统模型。

图3.4 阿奇舒乐提出的技术系统模型

阿奇舒乐认为一个完备的技术系统应包括执行装置、动力装置、(动力)传输装置及控制装置四个部分。但随着研究的深入,人们发现该模型并不适合所有的研究对象,比如斧子、椅子等研究对象,虽然仅仅具有执行装置,并不具备动力装置等其他部分,但它们仍然属于技术系统范畴。于是,人们提出了技术物体概念,该概念外延更加丰富,涵盖了前述技术系统模型的内容。所有的系统都是为一定目的而设计的,技术系统属于系统的一种,自然也不例外,但是,仅仅有了技术物体的技术系统模型,并没有涉及系统目的性。系统的目的性不同,将导致其结构形式上产生差异,比如木工用途的斧子与作为武器的战斧,就存在着不同。所以,以技术物体作为技术系统模型,还是不能完整地表达技术系统的全部内容。为此诞生了以"技术物体+作用对象"的技术系统模型,用于完整地描述和表达研究对象。

在"技术物体+作用对象"代表的技术系统模型里,技术物体与作用对象之间存在相互作用,这个相互作用能够揭示系统存在的目的性及其性能,通常被称之为功能。同样,技术物体本身由各个组成部分构成,各个组成部分之间也存在相互作用,即功能。所以,该技术系统模型也称为功能技术系统,依据该模型,我们可以对技术物体及其组成部分——组件完成功能的过程进行研究和分析。

2. 功能视角的技术系统

(1)功能及其描述方法。

根据前文,可以总结出功能是两个物体(技术物体/组件)之间的相互作用,其中,一个物体通过特定行为——作用改变另一个物体的参数或状态。因此功能可以用"动词+名词"方式进行描述,一个完整而确定的功能包括三个要素,即功能载体、作用对象及其相互作用,同时功能具有层级性,见表3.3。斧子的基本功能是"劈木头",同时斧子的组件之间存在着下级功能比如"斧柄支撑斧头"。

表 3.3　斧头及其功能描述

功能载体	相互作用	作用对象
(斧头图)	劈	木头
斧柄	支撑	斧头

请按照上述功能描述方法,补充填写表 3.4 中技术物体的功能。

表 3.4　补充填写技术物体的功能描述

功能载体	相互作用	作用对象
(锯子图)		
(牙刷图)		

表 3.4 中,一般来讲,锯子的功能描述是"分割木头",不会有问题。但在描述牙刷的功能时,相信很多人会将其描述为"刷牙",如果仔细认真地推敲,我们会发现,牙刷其实是为"去除牙垢"这一功能而存在的。

功能具有有用、有害、不足或过度等属性。当功能载体对作用对象的参数或状态改变高于或低于正常水平时,分别称为过度作用功能或不足作用功能;当功能载体对作用对象的参数或状态改变出现不希望的结果时,称为有害作用功能。表 3.5 所列出的就是有害作用功能的例子。

表 3.5　有害作用功能示例

功能载体	相互作用	作用对象
(锯子图)	摩擦	手掌
(牙刷图)	损伤	牙龈

（2）技术系统的功能视角。

功能分析的任务首先是确定功能的三要素，即功能载体、作用对象及其相互作用。实际工程问题，可以分为新设计和产品改善两大类。从前文所述新产品设计功能分析过程可以看出，该过程从抽象的功能出发，不断细化寻找具体功能载体，是一个由抽象到具体的过程。

其次，当对现有的技术系统/产品进行功能分析时，是从具体的功能载体——技术系统的组成部分组件出发，一方面确定其功能，另一方面去发现功能可能存在的不足、过度甚至有害作用。对发现的这些问题进行适当改善，就可以提升系统性能，改进技术系统或者产品，如图 3.5 所示。

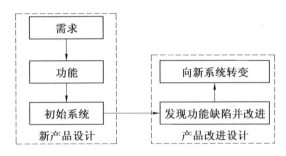

图 3.5　工程问题的功能视角

对于现有技术系统/产品来说，站在功能角度看，其改进的方向和改进的重点，将变得更加明确，如图 3.6 所示。改进技术系统时，通常会提出问题，从功能视角出发，针对技术系统提出的诸如哪些零部件应作为技术系统的构成组件这类问题，将转换为哪些功能是实现技术系统功能所必要的，后者可以引导工程人员从功能出发解决问题，提供更多的功能载体选择，从而拓宽解决问题的途径。站在技术系统的角度，我们可能会提出降低哪些系统组件以降低系统成本，提升系统性能的问题，从功能的角度出发，问题转换为哪些功能需要去除或者转移，这种转换可以使工程人员深入问题本质。站在功能角度看，改进方向，由技术系统的不足，转换为技术系统中的哪些功能不合格或者有害，使得问题更聚焦、更具体，从而使工程人员更加明确技术系统的改进方案，提出更加科学合理的改进措施。

养成良好习惯，坚持从功能的视角看待技术系统，最终会看到如图 3.7 中所示的系统或产品全局，不仅使视野更加宽广、思路更加开阔，而且能够避免在改进技术系统或解决问题过程中，遗漏重要信息。

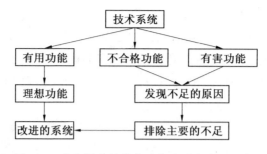

图 3.6　功能视角的技术系统改进方向更明晰

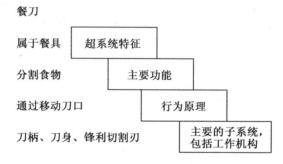

图 3.7　功能视角的技术系统例子——餐刀

3.3　面向技术系统改进的功能分析

面向技术系统改进的功能分析就是站在现有的技术系统/产品的角度,将技术系统相关的组件逐一列出并分析其功能,从而发现功能中存在的不足、过度甚至有害作用,为后续的产品改进与性能提升提供方向。

面向技术系统改进的功能分析包括确定组件、分析组件之间的相互作用、建立组件模型三个步骤。

3.3.1　确定组件

组件是构成系统的组成部分,包括技术系统组件、超系统组件和系统作用对象(常常被称为系统目标)。技术系统组件是构成技术系统的各个组成部分,可以根据需要按层级选取不同的组件作为分析对象。超系统组件是与当前技术系统紧密相关,对当前技术系统有影响,而又不属于当前技术系统的组件。系统作用对象是技术系统发挥功能的作用对象,是一种特殊的超系统组件。

以图 3.8 所示的眼镜为例,技术系统组件有镜腿、螺钉、镜框、鼻托、镜片等;超系统组件有耳朵、鼻子、眼睛等;眼镜作为技术系统,其系统目标是光线。确定了系统目标,也就确定了技术系统的边界。但确定系统目标往往是不容

图 3.8 眼镜的组件分析

易的,比如,在对眼镜做组件分析时,常常容易把眼睛作为系统目标,如果仔细分析眼镜的作用,其实眼镜是通过改变光线传播,从而达到矫正视力的作用,所以光线才是眼镜的系统目标。于是,可以得到表 3.6 所示组件列表。

表 3.6 眼镜的组件列表

系统目标	光线
技术系统组件	镜腿、螺钉、镜框、鼻托、镜片
超系统组件	耳朵、鼻子、眼睛

确定组件时,应注意以下几个问题:

(1)能够作为组件的,只能是物质(具有静质量的物体)、场或者二者的结合。

(2)组件的层级性特点,比如汽车的转向系统、发动机属于同一级别的组件,而转向系统和发动机本身也由很多更低一级的组件构成。因此,确定组件时,需要根据具体问题,恰当地划分组件层级,既要避免层级划分过细导致信息量过大干扰关键问题的发现,也要避免层级划分过于粗略而导致丢失关键信息。

(3)一般情况下,尽量将同一类型的组件作为一个组件,以减少不必要的分析信息量。

3.3.2 分析组件之间的相互作用

相互作用指的是组件与组件之间的接触,相互作用分析就是识别技术系统组件之间、超系统组件之间,以及技术系统组件与超系统组件之间是否存在接触。

相互作用分析的结果输出为矩阵(表 3.7),其中矩阵的第一行、第一列为按相同的顺序排列的技术系统组件。在矩阵中,两两分析组件的相互作用,如果有接触,在该两组件交叉表格中填"+"号,否则填写"-"号。

如果组件之间的相互作用是靠场(如电场、磁场、温度场等)实现的,分析时容易被忽略,应该特别注意。

表 3.7 眼镜组件的相互作用分析结果

	光线	镜腿	镜框	镜片	鼻托	螺钉	耳朵	鼻子	眼睛
光线		—	—	+	—	—	—	—	+
镜腿	—		+	—	—	+	+	—	—
镜框	—	+		+	+	+	—	—	—
镜片	+	—	+		—	—	—	—	—
鼻托	—	+	+	—		—	—	+	—
螺钉	—	+	+	—	+		—	—	—
耳朵	—	+	—	—	—	—		—	—
鼻子	—	—	—	—	+	—	—		—
眼睛	+	—	—	—	—	—	—	—	

3.3.3 建立功能模型

建立功能模型包括识别组件功能与建立功能模型两个部分。

1. 识别组件功能

识别组件功能过程中,取出组件列表中的每个组件,依次将该组件作为功能载体,识别其功能作用对象、功能行为及功能属性。功能属性包括有益作用、有害作用、不足作用以及过度作用四种。

功能属性依据功能载体对功能对象参数的改变程度进行划分,当功能对象的参数改变处于正常水平时为有益功能,有害功能指对功能对象的参数改变产生了反向副作用,不足功能对功能对象的参数改变水平低于预期值,过度作用则是对功能对象的参数改变超过了预期水平。

组件功能识别的重点是发现有缺陷的功能,即有害功能、不足功能和过度功能。完成组件功能识别后,将识别结果逐个填写进如表3.8所示的功能列表中。

表3.8 眼镜组件的功能识别结果

功能载体	作用对象	相互作用	作用性质
镜片	光线	改变方向	有益
光线	眼睛	射	有益
镜框	镜片	支撑	有益
鼻托	鼻子	挤压	有害
鼻子	鼻托	支撑	有益
镜框	鼻托	支撑	有益
螺钉	鼻托	连接	有益
螺钉	镜框	连接	有益
螺钉	镜腿	连接	有益
镜腿	镜框	支撑	有益
耳朵	镜腿	支撑	有益
镜腿	耳朵	挤压	有害

2. 建立功能模型

功能模型就是以图示的方式将上述分析结果呈现出来,方便项目组人员直观地认识和了解技术系统及其存在的问题,为下一步解决问题打下基础。

三种组件的图示方法,一般规定,技术系统组件用方框格子表示,超系统组件用菱形格子表示,系统作用对象用圆角矩形或椭圆表示,如图3.9所示。

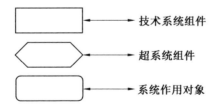

图3.9 组件的图示规定

建立组件模型图示时,先将组件根据需要进行布局,摆放于空间的合理位置,然后,将各个组件之间根据相应的作用属性用不同的箭头连接起来,箭头方向由功能载体指向作用对象。如图3.10所示为眼镜的组件模型。图中,曲线箭头表示有害作用。

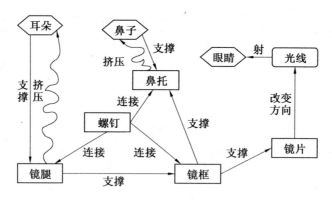

图 3.10 眼镜的功能模型

第4章 解决问题的冲突思维之技术矛盾

4.1 技术矛盾

4.1.1 矛盾

矛盾一词源自《韩非子》中《难一》所述故事,后人常用于描述在两个或更多陈述、想法或行动之间的不一致。在逻辑中,矛盾被更加特殊化地定义为同时断言一个陈述和它的否定,因此,矛盾反映了事物之间相互作用、相互影响的一种特殊的状态,在本质上属于事物之间的一种特殊的属性关系——"对立",正是这种"对立"的关系,才能够构成矛盾。从广义上讲,如果两件事物在一件不存在时另一件一定存在,那么这两件事物之间就有矛盾。

矛盾具有普遍性。任何事物都是作为矛盾统一体而存在的,矛盾无处不在,存在于一切事物中;矛盾无时不有,贯穿于事物发展过程的始终,是事物发展的源泉和动力。矛盾包含两个基本属性,同一性和斗争性。矛盾的同一性,是指矛盾双方相互依存、相互贯通的性质和趋势。矛盾的斗争性,是指矛盾着的对立面之间相互排斥、相互分离的性质和趋势。矛盾的同一性和斗争性是相互联结、相辅相成的。在事物的矛盾中,矛盾的斗争性是无条件的、绝对的,矛盾的同一性是有条件的、相对的。无条件的、绝对的斗争性与有条件的、相对的同一性相结合,构成事物的矛盾运动,推动事物的发展。

矛盾是人类进步的基石,人类正是在不断地认识到各种事物之间的矛盾,并加以解决的过程中,才不断取得发展和进步的。矛盾得到解决后,斗争得以阶段性释放,达到顺应宇宙之理的和谐。和谐是矛盾的一种特殊表现形式,体现着矛盾双方的相互依存、互相促进、共同发展,和谐并不意味着矛盾的绝对同一。和谐是相对的、有条件的,只有在矛盾双方处于协调、合作的情况下,事物才展现出和谐状态。社会的和谐、人与自然的和谐,都是在不断解决矛盾的过程中实现的。

4.1.2 技术系统中的矛盾

矛盾分析法是指观察和分析各种事物的矛盾运动,进而解决矛盾的一种方法。矛盾分析法是马克思主义社会学的基本方法之一,对研究社会现象具有普遍适用性,是人们分析问题、解决问题的一种普遍的、根本的方法。该方法不仅能说明现在,而且能预测未来。矛盾分析法是哲学方法论,在研究社会现象方面发挥了卓越的作用。苏联伟大发明家,TRIZ 理论创始人根里奇·阿奇舒乐借助矛盾的概念与定义,分别提出了技术矛盾和物理矛盾,用于描述技术系统中存在的问题,创造性地将矛盾分析法引入工程技术领域,以矛盾视角观察分析技术系统存在、出现的问题。在初始阶段,对于技术系统中存在的问题,人们的认识往往停留在表面,只有经过认真深入的分析,找到造成问题的关键——矛盾所在,才能够化解矛盾,使问题得以解决。阿奇舒乐指出,技术系统同生物系统一样,是按照一定的客观规律发展进化着的,正是矛盾的不断发现和解决,才使得技术系统的性能不断得以提升,推动着系统的进化进程。

4.1.3 技术矛盾

在日常生活和生产过程中,我们经常会遇到以下问题。

问题1:冬天,为保持室内温度,把窗户关闭,结果却造成房间内空气流通不畅,导致室内空气不新鲜(图 4.1)。

图 4.1　冬季关窗导致室内空气不流通

问题2:为了节约时间,提高行驶速度,结果驾驶人员和乘客都处于发生交通事故的危险中(图 4.2)。

问题3:将普通加工设备改造为数控加工设备,提升了自动化程度,改善了加工精度,却使得新系统更加复杂,对操作人员的要求大大提高(图 4.3)。

图 4.2 提高行驶速度易导致车祸

图 4.3 数控机床操作难度增加

上述三个问题具有共同特点,都是为了改善某个参数,比如问题1中的温度,问题2的速度和问题3中的自动化程度,却导致了另一个参数的恶化,如问题1中的氧气量的减少,问题2中稳定性的降低,以及问题3中的系统复杂性的增加。可以看出,上述三个问题中都存在着特殊的由两个参数构成的矛盾,一个参数的改善,必然同时导致另一个参数的恶化。其实,工程领域内技术问题的解决几乎都是从技术系统内相关组件技术参数的优化或改善着手的。实践告诉我们,系统的复杂性、整体性和关联性,常常会导致另一个技术参数的恶化。这正是技术系统中由两个参数之间负相关导致的特殊矛盾形态,阿奇舒乐将其定义为技术矛盾。

技术矛盾是两个参数之间的矛盾,这两个参数之间存在必然的负相关,一个参数的改善必将带来另一个参数的恶化。阿奇舒乐在研究技术矛盾的过程中还发现,具有相同技术矛盾的问题其解决思路也相似,为此,他与合作者们经过潜心研究,在分析总结了大量专利的基础上,提炼出了定义技术矛盾的 39 个技术参数、解决矛盾的 40 个创新原理,并以矛盾矩阵的方式将技术参数之间的矛盾与解决问题的创新原理联结在一起。这不仅使得初学者能够规范地定义技术矛盾,缩小问题方案模型的范围,而且建立了从分析问题、建立模型到得到问题的解决方案的一套完整的流程化的解题模式,如图 4.4 所示。

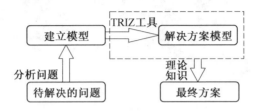

图 4.4　TRIZ 的解题模式

4.1.4　技术矛盾论

首先,技术系统中矛盾是客观存在的;其次,找到问题的关键,建立矛盾模型并最终化解矛盾,是促进技术系统进步提升的关键途径;最后,不以妥协的方式解决矛盾。

技术矛盾论中的第三点特色鲜明,也最为关键,采用的是完全不同于传统工程技术领域中的折中方案思想,而是毫不妥协,甚至以更加激化矛盾的方式去取得最佳解题效果。比如在提升纤维防弹衣防护能力时遇到的矛盾,增加厚度能够提高其防护能力,但显然太厚的防弹衣穿起来不仅不通风,而且不灵活。以技术矛盾定义问题模型,就是改善运动物体长度(防弹衣厚度),却恶化了操作流程方便性(防弹衣舒适性)。按照工程上解决问题的习惯,常常是通过适当增加防弹衣厚度,使防护能力适当增加,并对舒适性降低一定的要求,以优化的思想使二者达到一个可以接受的平衡点,从而得到具备折中特点的解题方案。而在利用技术矛盾解决该问题时,则既要增强防弹衣的防护能力,同时又不增加厚度,不恶化其舒适性。事实上,针对所建立的技术矛盾,通过查询技术矛盾矩阵,从推荐的创新原理中选择"增加不对称"原理,人们得到启发,通过改变各层纤维之间的排列方式,令各层纤维与第一层之间按照 20°~70°的方式排列,就可以解决该技术矛盾,最终得到既增加防弹衣的防护能力,又不增加其厚度的解题方案。优化的矛盾化解方式如图 4.5 所示。

图 4.5 优化的矛盾化解方式

4.2 39 个技术参数

4.2.1 39 个参数及其分类

表 4.1 为 39 个技术参数列表，表 4.2 是为了方便记忆对参数进行简化的分类表。

表 4.1 技术矛盾的 39 个技术参数

运动物体的重量	速度	温度	时间损失	操作流程的方便性
静止物体的重量	力	照度	物质的量	可维修性
运动物体的长度	应力或压强	运动物体的能量消耗	可靠性	适应性及通用性
静止物体的长度	形状	静止物体的能量消耗	测量精度	系统的复杂性
运动物体的面积	稳定性	功率	制造精度	控制和测量的复杂性
静止物体的面积	强度	能量损失	作用于物体的有害因素	自动化程度
运动物体的体积	运动物体的作用时间	物质损失	物体产生的有害因素	生产率
静止物体的体积	静止物体的作用时间	信息损失	可制造型	

表 4.2 简化的参数分类

类别	参 数
几何参数	长度、面积、体积、形状
物理参数	重量、速度、力、应力或压强、强度、温度、照度、功率、能量消耗
系统参数	物质的量、作用时间、稳定性、可靠性、物体产生的有害因素、作用于物体的有害因素、系统复杂性、适应性及通用性
与生产过程有关的参数	自动化程度、生产率、操作流程方便性、可制造性、制造精度、控制和测量的复杂性、测量精度、可维修性
损失参数	物质损失、能量损失、时间损失、信息损失

4.2.2 关于参数的几点说明

1. 物体的运动与静止

物体的运动或静止状态与分析解决的点有关,以问题发生时刻为准。

如分析轴承时,站在装配配合角度,轴承是静止物体;当考虑其工作过程磨损失效时,轴承为运动物体。

2. 长度

物体的厚度、周长、宽度等均以长度表示。

3. 面积和体积

工程中涉及的系统或物体绝大多数同时具有面积和体积属性,确定使用哪个参数同样从分析问题的着眼点出发。

如分析太阳能电池板时,从接收光照角度出发,用面积定义;如果考虑材料用量,则要用体积定义。

4. 温度与照度

温度用来描述跟热有关的参数;照度用于描述跟光有关的参数。

5. 能量消耗与能量损失

能量消耗指为完成正常功能需要的能量;能量损失指由于系统中存在瑕疵、缺陷导致的不必要消耗。

6. 物质的量

物质的量用于描述材料、零部件或子系统等的数量。

7. 作用时间

作用时间指系统执行有用功能的时间,包括准备时间、操作时间、操作间歇时间、后处理时间等。

8. 稳定性与可靠性

稳定性是系统受外力作用影响后恢复原来状态的能力;可靠性是系统在规定时间内,按照规定的条件完成规定功能的概率。二者在某些情况下可通用。

9. 可维修性

可维修性指系统出现故障后的快速挽回和补救能力。利用模块化设计,通过模块的合理划分,可以有效地提高系统或产品的可维修性。

4.2.3 如何用好39个技术参数

(1)深刻理解行业相关知识,深入分析和把握问题,选择合适的参数。

(2)矛盾不是唯一的,认知层次角度、聚焦对象的不同会导致不同看法,应从问题的本质、解决问题着眼点出发选择合适的参数。

(3)应用时,应将所有认为可能的矛盾都定义出来,尽可能更多地寻找方案,而不应只拘泥于一个问题只有一个矛盾的思维方式。

4.3 40个创新原理

4.3.1 创新原理及分类

40个创新原理是阿奇舒乐在寻找发现隐藏在创新背后的规律过程中,在总结大量专利的基础上发现的创新规律,其发现奠定了TRIZ理论的基础。表4.3和表4.4分别给出了创新原理及其分类的列表,以帮助读者记忆。表中所列出的创新原理与其前面的数字序号是一一对应且不变的。

4.3.2 创新原理详解

40个创新原理是传统TRIZ的精华部分,具有高度的浓缩性、权威性和客观性。熟练掌握这些原理,对于解决科研、生产、生活中的各种问题,有着重要的启示和促进作用。为帮助读者对其进行理解与记忆,下面按照其序号顺序一一进行梳理、解释。

表 4.3 创新原理

1	分割	11	事先防范	21	减少有害作用时间	31	多孔材料
2	抽取	12	等势	22	变害为利	32	改变颜色
3	局部质量	13	反向作用	23	反馈	33	同质性
4	增加不对称性	14	曲率增加	24	借助中介物	34	抛弃或再生
5	组合、合并	15	动态特性	25	自服务	35	物理化学参数变化
6	多用性	16	未达到或过度作用	26	复制	36	相变
7	嵌套	17	一维变多维	27	廉价替代品	37	热膨胀
8	重量补偿	18	机械振动	28	机械系统替代	38	加速氧化
9	预先反作用	19	周期性运动	29	气压或液压结构	39	惰性环境
10	预先作用	20	有效作用连续性	30	柔性壳体或薄膜	40	复合材料

表 4.4 创新原理的简单分类

类别	创新原理
提高系统协调性	分割、局部质量、增加不对称性、组合合并、多用性、嵌套、重量补偿
消除有害作用	抽取、预先反作用、事先防范、减少有害作用时间、变害为利、改变颜色、同质性、抛弃或再生、加速氧化、惰性环境
提高系统效率	预先作用、曲率增加、动态特性、一维变多维、机械振动、周期性动作、有效作用的连续性、机械系统替代、气压或液压结构、物理化学参数变化、相变、热膨胀、复合材料
易于操作和控制	等势、反向作用、未达到或过度作用、反馈、借助中介物、自服务、复制、廉价替代品

1. 40个创新原理详解

(1) 分割原理。

在设计或改善技术系统时,为了使技术系统更协调、更可控和具有更大的适应性,从提高技术系统可分割角度出发,将一个物体分成相互独立的、容易组装和拆卸的部分,从而增加解题资源,获得性能更好的技术系统。例如,火车的多节车厢设计,就大大提高了运行和调度等的灵活性。

如图4.6(a)所示的组合夹具系统,是通过将夹具分割为一套由各种不同形状、规格和用途的标准化元件和部件,使用时,按照工件的加工要求可从中选择适用的元件和部件,以搭积木的方式组装成各种专用夹具,应用范围广,不受工件形状的限制。

模块化设计也利用了分割原理的思想,通过将物体功能分割为几何接口相同、具有相对独立功能的模块部分,能够有效提高产品设计制造效率和系统的可维护性。图4.6(b)中的模块化结构枪械,属于斯通纳63武器系统,主要由15个子模块组成,通过不同的组合可装配成标准步枪、卡宾枪、轻机枪等,可谓枪中的变形金刚。

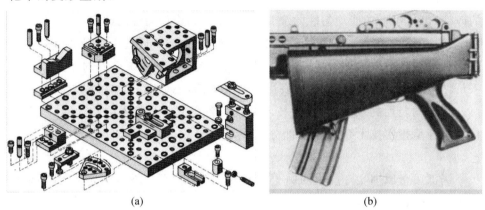

图4.6 组合夹具和模块化设计的组合枪械

(2)抽取原理。

抽取可以是为了消除有害因素,从系统中抽取出产生负面影响的部分,保留有用功能。比如新装修房屋后,采用活性碳吸附甲醛等有害物质以净化空气。

抽取也可以是将必要有用的功能抽取出来,抛弃有害因素。比如从金属矿藏中冶炼金属,以及金属提纯如利用稀硝酸提纯电线里的铜等,都属于抽取原理的应用。

抽取既可以是具体的、实物的,也可以是抽象的、虚拟的。如图4.7所示的交通设施,通过将隔离墙的阻挡属性抽取出来,以虚拟图像的方式设置在人行道处,非常直观醒目,很好地起到了阻止车辆和行人闯红灯的冲动。

(3)局部质量原理。

人们常说的"好钢用在刀刃上"就是应用了局部质量原理。局部质量原理

图 4.7 墙属性的抽取用于人行道上

是通过改变物体的均匀性而起作用的,这种均匀性的改变既可以指结构均匀性的改变,也可以指功能均匀性的改变,还可以指动作均匀性的改变。

不均匀的系统结构和环境往往具有较强的适应性,通过应用局部质量原理改变技术系统结构的均匀性,可以起到画龙点睛、提升系统性能的作用。技术系统结构不均匀的改变,既可以发生在系统内部,也可以发生在外部环境。

功能均匀性的改变,是指使技术系统的各个部分具有不同的功能;改变动作均匀性是指使技术系统各个部分出现动作分化,并处于各自动作的最佳状态。

局部质量原理实际应用的例子有很多,比如,和面时添加鸡蛋,从而增加面的劲道;向水泥中添加钢筋等,形成强度更高的混凝土;向水射流中添加磨料粒,从而增加水刀的切割能力;采用定位销式定位结构时,常常采用向定位孔内放置硬度更高的衬套的方式,以提高定位精度的保持性,同时降低对整体材料的要求,达到降低制造成本和难度的目的。

如图 4.8 所示的刀具,通过在切削区域涂一层金刚石薄膜,不仅很好地增加了刀具的硬度和寿命,而且能够降低刀具制造难度,降低刀具成本。

(4)增加不对称性原理。

运用增强不对称性原理,通过将物体结构向不对称程度增加的方向转变,可以达到减少材料用量、改变平衡状态、使负载分布更合理等效果。在实际应用中,如果技术系统是对称的,考虑将其修改为不对称的;如果技术系统本身就是不对称的,可以考虑增加其不对称程度。该原理还可以引申为相互作用的不对称。

如杠杆,不对称程度越高,用相同的力能够提升的重量就越大。常见的电脑硬盘、USB 盘的的接口则通过不对称设计避免反接。

图 4.8　金刚石涂层刀具

如图 4.9 所示的洗衣机中,增加了"S"型不对称提举筋,一侧陡峭一侧平缓的设计,给洗涤过程带来强劲、柔和两种截然不同的洗涤动力;平缓面上密布的注水小孔,瞬间喷涌大量水流加快浸湿过程,有效节省时间;而顶部的 S 型路径设计,可灵活控制衣物翻滚时的摔落点,保证了衣物的洗净程度。

图 4.9　洗衣机中的不对称提举筋

(5)组合、合并原理。

组合、合并原理的应用,可以将多个物体、多个功能,甚至是多个操作、动作,或者在空间上进行组合、合并,或者在时间上进行组合、合并,从而向原有技术系统中引入新的子系统、新的功能,或者形成连续化、并行的功能,达到有效提高系统性能、增强系统功能的目的。

比如并行工程,就是站在全生命周期的角度,将产品开发各个阶段的功能、操作、动作等一切相关因素,组合、合并在一个过程中,通盘思考,协同工作,建立各决策者之间有效的信息交流与通信机制,综合考虑各相关因素的影响,使后续环节中可能出现的问题在设计的早期阶段就被发现,并得到解决,从而使产品在设计阶段便具有良好的可制造性、可装配性、可维护性及回收再生等方面的特性,最大限度地减少设计反复,缩短设计、生产准备和制造时间。

如图4.10所示的自行车,首先将鞋子走路的属性抽取出来,然后进行组合、合并,从而设计出了非常有趣、新颖的自行车。

图4.10 奇特的自行车

(6)多用性原理。

通过提高系统的多用性来增加系统功能,提高系统存在价值。应用较多的就是使物体具有复合功能以替代其他物体的功能。

如能看电视的手机、MP3用作U盘等都是利用多用性原理的例子。

如图4.11所示为俄罗斯制造的嘎斯－3937多用途战车,它既可用作运送伤员的救护车,又可作为多种武器的搭载平台。

图4.11 嘎斯－3937多用途战车

(7)嵌套原理。

应用嵌套原理,就是想办法将一个物体放入另一个物体的空腔,或者使一个物体穿过另一个物体的空腔。该原理可以有效提高空间利用率,也可以通过将具有不同功能的物体进行嵌套后,产生具有多种独特功能的物体。

如伸缩式天线、钓杆等都是应用该原理的例子。如图4.12所示的餐厨刀具,通过嵌套设计,大大提高了收储方便性。

图4.12 方便收储的刀具

(8)重量补偿原理。

重量补偿原理,就是利用气体、流体等的浮力或者磁力,克服物体重力以消除不利影响,从而改善系统性能。既可以通过借助物体的举升能力补偿技术系统的重量,也可以借助环境的举升能力,如空气动力、流体动力等,完成技术系统所需要的重量补偿。

现实生活中,轮船、救生圈、宣传用的气球,以及磁悬浮技术等,都是利用该原理的例子。

如图4.13所示为运用重量补偿原理,借助磁场产生的磁悬浮力制作的非常有创意的新颖花盆。

(9)预先反作用原理。

通过预先施加反向作用,从而保证有用作用的有效发挥,增强有用作用的效果,或者抵消、控制和防止有害作用的发生。比如,打夯时通过将夯举得更高,从而增加对地面的夯实作用;滚珠丝杠螺母副通过事先施加预紧力,防止轴向窜动,提高传动精度;安装吊索桥时,事先使吊索产生张力,从而抵消风力、振动等有害作用对桥梁的影响。

如图4.14所示的汽车玻璃安装,也用到了预先反作用原理。为了抵抗使玻璃松动的外力,通常采用橡胶压条施加反向作用力,从而保证玻璃被牢固地固定在工作位置。

■ 提升从 1 到 N 的创新能力——TRIZ 的应用

图 4.13 磁悬浮花盆

图 4.14 汽车玻璃上安装的压条

(10) 预先作用原理。

运用预先作用原理,是在某一事件发生之前采取必要的行动,可以达到简化系统功能执行过程、节约时间的目的。该原理的应用包括事先预置必要的动作、功能,或者预先在必要的位置安装相关设备,在需要的时候发挥作用以节约时间等。

柔性制造单元中,将工件事先安装在环形链条轨道带动的多个夹具上,依次到达加工位置轮替进行加工,就是应用了预先作用原理;在顺序自动换刀数控机床上,事先按照加工顺序将刀具排列好放置于刀库中的过程,也是采用的预先作用原理。

如图 4.15 所示为应用了预先作用原理的枭龙 04 飞机,该设计采用先进的"蚌"式进气道设计技术,在进气口前方的机身上设计一个鼓包,通过这个鼓包对进入进气道的空气进行预压缩,并且吹除附面层,有效提高进气效率,节省飞机结构重量。

图 4.15 枭龙 04 飞机

(11)事先防范原理。

事先防范原理的运用,就是采用适当的技术手段预置应急措施,补偿系统相对较低的可靠性,防止故障的发生和灾难的扩大。

如防火通道内的消防设备;汽车上的安全气囊;电路中的保险丝;飞机上的降落伞以及战斗机中的弹射装置等,都利用了该原理。

事先防范原理与预先作用原理,时间上看功能载体都已经存在,只是前者的功能没有发挥作用,后者已经发挥作用,且在需要时发挥主要作用。举例来说,配备降落伞属于事先防范,因为降落伞的功能在平时并没有发挥作用;而柔性制造单元中的夹具已经预先装夹了工件,发挥着作用,且在加工该工件时发挥主要的夹紧作用。

(12)等势原理。

为消除重力对系统造成的有害影响,通过环境、结构或系统提供的资源,通过改变物体的位置,使物体处于等势场内,避免位置的变化,减少上下搬动,使无效的能量消耗达到最小。

生产实践中将物料传送带设计成与操作台等高就利用了等势原理。

如图 4.16 所示为架在两座山之间的大桥,通过等势原理的运用,大大缩短了通行时间,降低了通行难度。

(13)反向作用原理。

反向作用原理就是利用逆向思维,尝试将系统以某种方式反转或颠倒,从中发现新功能或改善系统功能。

图 4.16　沟通两座山的大桥

在实际应用中,可以考虑将系统的动作或过程反转实现;也可以考虑将系统可动部分与不可动部分颠倒过来。

如利用逆向思维,让人不动,而让楼梯运动,诞生了滚动电梯;日常生活中发现桌面上有灰尘时,通常会吹干净,利用其反向过程,人们发明了吸尘器。

如图 4.17 所示为苏卫星发明的两驱动一体发电机,它颠覆了传统上只有转子转动发电的工作模式,让原本不动的定子也旋转起来,与转子在相同时间内同时相对旋转发电。在同功率的情况下,该发电机的体积、质量大幅减小,生产成本仅相当于现有发电机的 50%,而且节约大量的煤炭、水力、核能、风能等电力资源。

图 4.17　两驱动一体发电机

(14) 曲率增加原理。

曲率增加原理也称曲面化原理，应用在技术系统改善时，通过将原来的线性关系修改为非线性关系，或者通过状态的改变，寻找和发现使系统功能增强或产生新功能的途径。

在实际应用中，可以通过形状上以曲代直的方式实现，如直线改曲线、平面改曲面、多边形用圆代替、多面体更改为球等，在结构设计中可以多考虑滚筒、螺旋或球形物体的应用；或者运动上通过以回转运动代替直线运动等的方式实现，多尝试应用离心力。

比如机械设计中通常会通过圆角过渡设计，减少应力集中，增强局部强度；洗衣机利用离心力进行洗涤和甩干；千斤顶利用螺旋装置举升重物等，都利用了该原理。

如图4.18所示为2018年美国《时代周刊》评选出的50个最佳发明之一的奶瓶。该奶瓶具有独特的曲面化分层结构，不仅比普通奶瓶加热速度快两倍，加热更均匀，而且用后打开清洗也更方便。

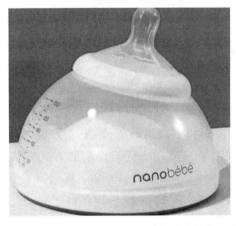

图4.18 具有独特的曲面化分层结构的奶瓶

(15) 动态特性原理。

设计时，使系统的几何结构更具柔性；增加物体运动的自由度；使系统的功能和特征具有更好的自适应性，能够更好地兼容不同应用环境的需要。

在实际应用中，增加技术系统的动态特性，可以通过以下几个途径实现：增加自动调节功能，使系统各部分性能都达到最佳；将系统结构划分为既可以变化又能够互相配合的组成部分；使原本不运动的物体可动或增强其自适应性。

比如电加工机床上的数控装置,可以自动调节电参数达到最佳状态;方便收储存放的折叠桌椅;用弹簧连接代替刚性连接的阻尼器;等等。

如图 4.19 所示为 Reebok 推出的,采用"运动感应技术"的 PureMove 运动内衣,其中加入了一种叫剪切增稠液的物质,会随着用户的动作自动调节松紧,可以让女性在运动时更加舒适。

图 4.19　PureMove 运动内衣

(16)未达到或过度作用原理。

当实现期望的功能非常困难,需要付出更高昂的代价、更多的成本时,通过适当增强或降低其作用程度,从而以稍微超过或略低于预期的方式完成功能,以降低解题成本,简化问题。

一个印度人动用 15 名金匠,每天工作 16 个小时,整整耗费 2 周时间,花费 1.4 万英镑,打造了一件如图 4.20 所示的"现代金缕衣"。

一般来说,同时拥有主卧房、客房、客厅、餐厅、厨房、浴室、酒窖、派对室与电影放映室等房间,不仅需要购买别墅,而且别墅还要足够大。但一个英国人却在仅 80 平方米的公寓中实现了这一构想,如图 4.21 所示。仅仅通过按动按钮,即可启动多达 12 个的可移动设计,可让床铺从天而降,瞬间出现一间卧室,收起床铺,打开地板升起沙发组就成为温馨的客厅,地板下还集成了酒窖和餐厅。

图 4.20 "现代金缕衣"

图 4.21 集中在 80 平方米内的"大别墅"

(17) 一维变多维原理。

一维变多维原理通过空间维数的变化或变换,提高空间使用效率,改善系统性能。

具体应用时,可以考虑将物体的运动由一维向多维变化;将物体的单层构造向多层变化;试着将物体侧向或倾斜放置;利用给定表面的反面。

如在柔性制造系统中,利用搬运机器人代替传送带运转物料,既能够节约空间又能够增加工件搬运的灵活性;将楼梯设计为螺旋形和摇摆椅的设计都利用了空间维数的变化原理。

图 4.22 中的三维运动旋振筛,可以进行水平、垂直、倾斜运动,与传统单一的水平运动相比,具有更好的筛分效果。

图4.22 三维运动旋振筛

(18)机械振动原理。

当稳定的系统不能够满足要求时,可以考虑使用可控的不稳定的变化系统。具体可以考虑以下情况:

①使稳定的物体处于振动状态,增加振动物体振动频率或幅度,或利用共振。

②利用压电振动代替机械振动。

③利用超声波振动和电磁场耦合。

如利用超声波和电磁场共同作用,产生振动可以将电熔炉中的金属混合的更加均匀;切削过程中产生振动本来是有害作用,但通过在切削刀具上增加可控制的高频率振动,使刀具和工件发生间断性的接触,解决了传统切削加工中的振动和切削热变形等固有的难题,从而得到了优良的切削效果。

如图4.23所示的给料机利用电磁振动,可以更好地将物料传送出去,避免物料由于摩擦力停留在料斗内。

(19)周期性运动原理。

解决问题时,尝试利用生产间歇、脉冲间隙等方法,评估其结果带来的功能变化,并强化该功能。

实际操作中,可以考虑将连续动作改变为周期性动作或利用脉冲;改变周期性动作的运动频率;在周期动作中设置暂停,执行另一有用动作。

如图4.24所示的光栅位移检测装置,利用光线的明暗变化周期,产生脉冲,对微小的位移进行计数,从而实现测量位移和速度的目的。

图 4.23 电磁振动给料机

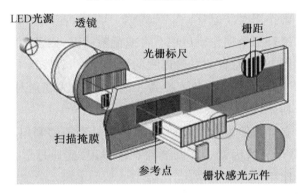

图 4.24 光栅位移检测装置

(20)有效作用连续性原理。

如果系统运转过程中存在的间歇或过渡过程,影响到工作流的连续性并导致整个系统效率降低,必须采取措施予以消除。具体可以参考以下办法:

①使系统持续工作,系统各部分同时保持满载工作。

②缩短或消除系统中存在的空闲时间或间歇性动作。

如柔性制造系统中采用物料自动运输和更换装置,可以有效减少加工准备时间;利用 UPS 电源防止工作时断电带来的不利影响等都是利用有效作用连续性原理的例子。

如图 4.25 所示的高空集水器是一个氦气球,就像放飞在天空中的风筝,通过在风中不断地旋转,使金属薄板冷却,让水在金属薄板上凝结,慢慢汇成流,从而用于收集利用大自然里的水。该高空集水器 2 个月不间断地运行,可以收集多达 50 升的水。

图 4.25 高空集水器

(21) 减少有害作用时间原理。

如果系统在执行某个动作时出现有害或危险状况,则考虑将危险或有害的功能在高速下进行,加快有害或危险流程的执行速度,以降低有害作用的影响。

例如,纳米 CT 能够将检测速度提高 5 倍,从而减少辐射对人体的伤害。

(22) 变害为利原理。

当系统中的有害功能难以消除时,可以考虑是否能够利用有害因素获得有益的结果,或将数个有害因素结合以消除有害作用,或通过增大有害作用幅度的方法消除有害作用。

如城市生活垃圾污染环境,但利用其进行发电,就可以达到变害为利的目的;切削热本来是有害作用,但通过合理设计的加热切削,却能够利用热能来降低被加工材料的硬度,从而提高切削效率。

(23) 反馈原理。

将系统中的改变,包括有害作用和有用作用产生的改变,都作为一种反馈信息源,用于执行矫正系统的作用。具体可以采取以下做法:

①在没有反馈的系统中设法引入反馈以提高性能。

②若系统中已有反馈,则改变反馈信号的大小和作用。

在数控机床中引入反馈装置,可以大幅度提高加工精度;通过将半闭环反馈转换到闭环反馈,增强反馈作用,从而可以获得更高的加工精度。

如图 4.26 所示的虚拟现实 VR 系统,正是利用反馈作用使用户产生身临其境的真实感。

(24) 借助中介物原理。

当系统结构各部分之间不匹配或存在有害作用时,通过易于去除的中间载体、过程或分割物临时建立连接,使其协调。具体做法有:

① 使用中介物以实现需要的功能。

② 与容易去除的物体暂时结合。

当液体从一个容器倾倒入另一个容器时,通常采用漏斗以避免洒出,漏斗就是系统中引入的临时中介物;通过引入催化剂,降低化学反应的难度,也应用了借助中介物原理。

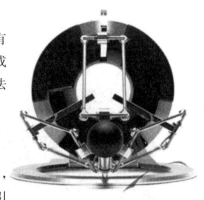

图 4.26　VR 系统

图 4.27 所示为能够吸收烟雾的水泥,是将一种光学催化剂添加至普通水泥中作为中介物,能够快速分解烟雾并将其融入水泥,可以用在需要防烟雾的建筑中。

(25) 自服务原理。

巧妙利用重力、水力、毛细管等物理、化学或几何效应,让系统产生自我服务、自我控制功能。

图 4.27　吸收烟雾的水泥

具体应用时包括让物体具有自补充、自恢复功能;灵活运用剩余材料及能量等。比如不倒翁利用重心巧妙设计,使得在受到外力的作用失去平衡时,能自行回复到平衡状态。

图 4.28 所示为麻省理工学院的科学家研制的一种可以将热能、光能及震动产生的能量转换为电能的智能芯片,可以在极低电源环境下正常工作很长时间,即便切掉电源也没有影响。这款采用双路径构架的芯片可同时吸收、转换多种能量,当外界同时有热能、光能、震动能时,芯片可选择一个能量来源,而将其余能量吸收并存储,以供日后使用。免电池芯片控制系统应用在生物医学、远程控制以及外太空等领域,可以大大减少电子设备的体积,并提高工作效率。

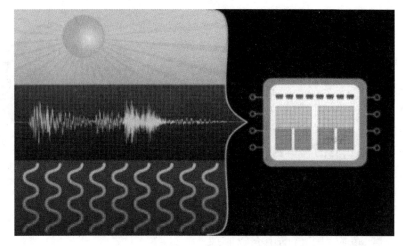

图 4.28　吸热、吸光、吸震的免电池芯片

(26)复制原理。

这里的复制是广义的,含有映射的意义。根据复杂贵重系统制作的实物模型、虚拟模型都可以认为是原系统的复制品。实际应用中,可以考虑:

①利用简单、廉价的复制品代替复杂、昂贵、易损、不易获得的物质。

②利用按一定比例扩大或缩小的图象代替实物。

③如果已经使用了可见光拷贝,用红或紫外线代替。

制造业领域应用的虚拟加工技术,可以在实际加工之前在计算机上进行虚拟仿真,及早发现并解决问题,避免在实际加工过程中造成损失,就是利用复制原理的例子;通过制作珍贵文物的模型用于展出,既能够观赏,又避免文物受损,也利用了复制原理。

如图 4.29 所示为飞机模拟驾驶系统,既可以训练飞行员,又可以让普通人体验飞机驾驶乐趣。

(27)廉价替代品原理。

当我们需要机器、工具,甚至是信息、能量和过程等的时候,如果发现它们非常复杂和昂贵,可以考虑是否能够采用廉价替代品来完成我们需要的功能,用简单代替复杂,用廉价代替昂贵。

被用于替代品的选择范围可以是廉价的物体,也可以是一次性物品。比如古代传说中孟母利用树枝和沙地作为书写工具教孟子写字,替代买不起的笔和纸;利用一次性餐具等。

如图 4.30 所示为创业公司 ICON 使用 3－D 打印机器,在 48 小时内打印

图 4.29 飞机模拟驾驶系统

出的一个 32 平方米的住宅,价格低廉,只需要传统方法的一小部分材料和劳动力成本,并且符合美国德克萨斯州的住房标准。

图 4.30 创业公司 ICON 的 3-D 打印房屋

(28)机械系统替代原理。

机械场、声场、热场、电磁场等,可控程度依次升高,通过采用更可控的场,可以优化和改善技术系统性能。

在实际应用中,可采用视觉、听觉、嗅觉、味觉等系统替代机械系统;或者用与物体相互作用的电场、磁场、电磁场等替代机械系统。

此外,以动态场代替静态场,时间变化场代替时间固定场,无结构场转化为有结构场;把场与场作用和铁磁粒子(铁磁粒子在一定温度下,转变为顺磁,不再吸收热量,可以达到恒温目的)组合使用等,是机械系统替代原理的引申应用。

比如楼道安装的声控灯、红外感应水龙头、电视遥控器等都是运用了机械系统替代原理。

如图4.31所示的圣诞树由铁磁材料制造而成,通过音乐产生磁场并控制磁场的变化,使"树叶"的形态随机变化并绕着"树干"旋转,可以呈现出梦幻的效果。

图4.31 铁磁材料制造的圣诞树

(29)气压或液压结构原理。

如果系统中包含有可压缩的、流动的、具有弹性的及吸收能量的元件,则可以考虑采用气压或液压结构进行替代以改善和提升系统性能。主要关注能否利用气体、液体代替系统的固体部分。

比如吸附挂钩,就是利用气体压力将其固定在墙面上,从而避免钉子对墙面的破坏。

图4.32所示为以色列航空工业公司的微型机器人实验室研制出的一款新型"机器人蝴蝶",属于接近纳米技术的微电子科技产品,其长20厘米、重12克,内含发动机、传感器、通信及转向系统,模拟蝴蝶煽动四片翅膀推动其前进,可以在军用侦察方面发挥独特作用。

(30)柔性壳体或薄膜原理。

当需要将系统与环境隔离,或需要以薄代厚时,利用该原理。

在实际应用中,可以使用柔性壳体或薄膜构造或改变三维结构,或者使用

第 4 章 解决问题的冲突思维之技术矛盾

图 4.32 机器人蝴蝶

柔性壳体或薄膜,将物体与环境隔离。比如生活中常用的保鲜膜以及农业生产中使用的塑料大棚等。

图 4.33 所示为空军武器机械师汤姆发明的一款工具托盘 Grypmat,使用高性能、防滑、无磁性、抗化学腐蚀、抗静电的橡胶制成。托盘柔软的身体十分灵活,适应性非常强,能够吸附在任何形状的表面上,包括不规则的和垂直竖立的墙壁,很好地解决了维修工具滑落的问题。

(31)多孔材料原理。

采用孔洞、气泡、毛细管等孔隙结构改善系统,孔隙可以为中空的,也可以填充有用的气体、液体或固体。

在实际应用中,我们可以考虑将物体本身变为多孔结构或加入另外的多孔物体;若物体已有多孔结构,利用孔结构引入有用的物质或功能。比如,人们利用横截面布满椭圆形孔隙的竹纤维可以在瞬间吸收并蒸发大量水分的特性,制作了"会呼吸"、绿色环保的纺织面料。

如图 4.34 所示为日本丰田汽车发明的无充气轮胎。这种轮胎是绝对不会爆胎的,因为它本身就没有气,而且采用了特殊的蜂巢型多孔内部结构,使得车胎不需要靠内部气压进行支撑就能行驶,这种轮胎耐磨性和柔韧性都非常强,在任何路面都能够安稳地行驶。

(32)改变颜色原理。

通过改变颜色可以区分物体的特征和状态,以满足检测测量、标志和掩盖系统的需要。

改变颜色的方式可以是改变物体或其周围环境的颜色、透明度或可视性。

■ 提升从 1 到 N 的创新能力——TRIZ 的应用

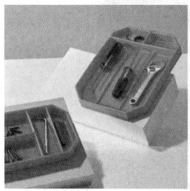

图 4.33　适应任何平面的工具托盘 Grypmat

图 4.34　无充气轮胎

比如交通红绿灯、以不同颜色区分火线和零线等。

通过使用有色添加剂或发光物质使物体更容易看清楚也是改变颜色原理的应用。比如荧光开关、环卫工人穿的荧光衣服等。

改变颜色原理也被用来改善物体的热辐射性或吸热性。比如保温瓶的银白色胆体、采用黑色提高吸热能力等。

随着时代的发展,电视已经不再是必备家电了,它黝黑的屏幕与家里的装饰格格不入。如图 4.35 所示为隐形电视。平时它可以是山水画、照片墙,只有在用户需要的时候,它才是一台电视机。

图 4.35　隐形电视

(33)同质性原理。

主要物体及与其相互作用的物体采用同一材料或特性相近材料制成。如焊接材料与被焊接金属的热膨胀系数应保持一致以避免产生裂纹;盛装金属的容器尽量采用同质材料以免发生化学反应。

如图 4.36 所示为 WikiFoods 发明的可以吃的包装,由风干的水果或其他天然材料制成,和糖、钙的混合在水里、高温、低温都保持坚固形状,不过到口中就可以被咬掉。

图 4.36　可以吃的包装

(34)抛弃或再生原理。

抛弃或再生原理包括两个方面,指的是某些技术系统在工作过程中,或者通过立即抛弃已经完成功能的组件,使得技术系统更易于实现功能,或者对已经完成功能的组件进行补充以重新应用。

在实际应用时,可以采用溶解或蒸发手段废弃已完成功能的组件,或在系统运行过程中改造其机能;也可以在工作过程中迅速补充消耗或减少的部分,或恢复其功能、形状。

比如子弹壳的作用是装发射药和保证发射药产生的能量大部分作用在弹头上,当子弹发射完成功能后就自动弹出,减轻弹头质量,可以飞行得更远。

如图4.37所示为美国3M公司发明的一种可以放置在屋顶瓦片上的抗烟雾颗粒。从全球范围内来看,温室气体的存在是一个严重的环境问题,并时刻影响着人们的健康,其中的主要污染大多来自工业制造和汽车尾气的排放。为了改善这一问题,美国3M公司发明了一种可以放置在屋顶瓦片上的抗烟雾颗粒,其最大的作用是,当暴露在太阳的紫外线下的时候,这种颗粒会产生自由基,并将氮氧化物气体转化为水溶性离子,下雨时可随水流被冲刷走,从而减少污染。

图4.37 能对抗烟雾污染的屋顶材料

(35)物理、化学参数变化原理。

通过改变系统任意的物理、化学状态或属性,达到改善系统性能或实现系统新功能的目的。

具体应用时,可以改变物体的物理状态;也可以改变物体的柔度、浓度、黏度、温度或体积。比如将洗手用的香皂改变为液态洗手液,或利用洗衣液代替洗衣粉等。

对于网购衣物的人来说,在不知道自身尺码的情况下挑选衣服是一件十分有难度的事情。为了解决这一问题,日本零售商ZOZO推出了一款电子感应衣,如图4.38所示。电子感应衣表面覆盖的测量白点多达1 500处,测量密度相比皮尺等工具大大增加,可对用户全身进行精确测量。

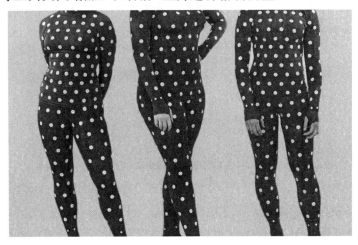

图4.38 电子感应衣

(36)相变原理。

典型的相变包括物质气、液、固态之间的相互转换,利用相变过程中产生的吸热发热、体积变化等效应,在某些系统中可以起到改善性能、增加新功能的效果。

比如利用水凝结为冰的过程中发生膨胀的相变原理,可以实施无声爆破。将水装入巨型水瓶,放置在需要拆除建筑的关键爆破点处,进行人工制冷,水在结冰时产生的膨胀可以将墙体拱起,使整栋建筑破裂倒塌。

相变材料在改变状态时会吸收或释放能量,称之为潜热。利用潜热特性,在UPS、设备、信号箱等内加入一定数量的相变材料,能够达到恒温控制的效果。图4.39所示就是利用潜热特性的UPS恒温机箱。

(37)热膨胀原理。

应用热胀冷缩原理改善系统作用,带来新功能等。热膨胀原理包括膨胀和收缩两个变化方向,其应用不局限于热场,重力、气压、海拔高度和光线的变化都可能引起热膨胀或收缩的发生。

在具体应用时,可以利用物体的热胀冷缩特性,也可以将热膨胀系数不同的材料组合使用。比如在装配生产中,通过加热孔或冷却轴的方式实现过盈装配;利用液态物体热胀冷缩特点制作温度计;在铺路和铁轨时,每隔一段距离就留一定的缝隙,防止热胀冷缩造成的破坏等。

图 4.39 利用潜热特性的 UPS 恒温机箱

(38)加速氧化原理。

在非物理系统中,氧化可以理解为导致过程加速或失稳的作用。而在物理系统中可以按照图 4.40 所示顺序改变环境,加速氧化过程。

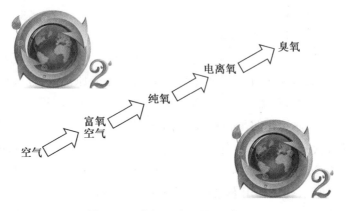

图 4.40 含氧环境沿箭头增加

按照图 4.40 所示顺序,更改系统内部或外界环境,加速系统氧化以改善系统性能或消除有害影响。

如用富氧空气代替一般空气产生的氧炔焰可以切割金属等;用纯氧代替空气的高压氧舱用来治疗煤气中毒;采用臭氧溶于水可以清洗船上有机污染物。

(39)惰性环境原理。

针对特定技术系统,可以通过制造惰性环境,或者向系统中添加惰性、中性添加剂等改善其性能或保护其执行功能的过程。惰性环境可以包括真空或由固体、液体、气体构成的环境。在构造惰性环境的过程中切记不能够带来有害因素。

该原理应用很普遍,比如利用惰性气体填充灯泡;在物体中添加泡沫吸声减振;在真空环境中进行离子镀,以隔离空气离子等杂质的影响等。

从街道车辆发出的喇叭声,到室内的环境声都可能影响到人们晚上的睡眠质量。如图4.41所示的遮噪睡眠耳塞就是为解决这一问题而发明的,其工作原理是通过手机APP内置10种白噪声方案对环境噪声进行遮盖,从而辅助睡眠。遮噪睡眠耳塞本身并未设计任何按键,所有操作都需要通过手机APP完成,包括播放控制和闹钟设置。

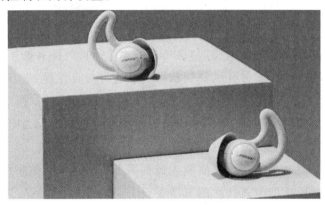

图4.41 遮噪睡眠耳塞

(40)复合材料原理。

改变系统的构成,使其材料成分或结构更丰富。

在实际使用时,可以向系统材料构成中添加纤维,将系统结构进行分层处理;还可以引申为向多种技术系统的集成,从而实现新功能等。

对于有视觉障碍的人来说,在日常生活中像常人一样处理家务或工作是一项有挑战性的事情。如图4.42所示为盲人眼镜。它将视觉技术、互联网技术、导航技术及智能手机进行融合集成,实时了解眼镜佩戴者所处的状态,并通过语音指导用户进行日常的活动,如过马路、寻找目的地、商场购物等。

2. 创新原理的组合应用

2019年2月新华社华盛顿报道了一种由美英两国研究人员最新开发出的与金属钛一样坚硬、质量却只有其四分之一到五分之一的"金属木头"。

图 4.42 盲人眼镜

他们开发的这种"金属木头"与自然界的木头一样外部有框架支撑,其内部有大量纳米级孔洞,形成多孔的蜂窝状结构。这种与自然材料类似的多孔结构使它更坚硬,具有更高的硬度-质量比,并可注入其他材料发挥更多功能。比如,在这种框架结构中注入正负电极材料,材料就有望同时充当电池使用;还可以注入有机物,支持类似细胞内外传输能量的活动,发挥生物功能。

在制造"金属木头"过程中,研究人员利用直径只有几百纳米的小塑料环作为结晶框架,并用类似电镀技术的方法将镍"镀"到框架上,最后用溶剂将塑料溶解,得到这种具有框架结构的材料。

在这"截"金属木头的制作中,我们可以看到多孔材料原理的身影,也可以看到抛弃与再生原理的身影,还可以看到嵌套原理以及复合材料原理的身影。

4.3.3 特性传递

在不断应用的过程中,甚至某些创新原理通过综合归纳总结,形成了独特独立的体系方法,比如特性传递,就可以看作是由抽取原理演变而来的。

1. 特性传递的概念

特性传递,是指通过从不同工程系统中传递相关功能/特性来改善当前技术系统的分析工具,通过寻找并转移另一个技术系统的有益组件的功能/特性至需要改进的技术系统,从而改进现有技术系统的功能,并去除有害作用。

为形象地说明特性传递这个工具的用法,我们这里假定白菜和胡萝卜是两种技术系统。对于白菜这一技术系统,我们知道其叶子可以食用而根部不可以,而胡萝卜的根部可以食用而叶子不可以。为了改善白菜技术系统和提升其性能,我们可以将胡萝卜的根部特性向白菜传递,从而使其叶子部分和根茎部分都成为有用的。

2. 特性传递算法

运用特性传递工具时,可以按照以下算法步骤进行:

(1)识别原有技术系统或某个组件的主要功能/特性。

(2)以矛盾的形式描述期望的功能/特性,以及希望被替代的功能/特性。

(3)根据待传递特性组件的主要功能/特性,列出具有相同主要功能的竞争系统。比如自行车的竞争系统可以是火车、飞机、电梯等。

(4)从竞争系统中选择与原技术系统互补的工程系统。所谓互补,替代系统中拥有的优势特性,恰好可以弥补原系统的劣势特性。

(5)结合资源分析,选择、组合基本系统,建立特性传递问题模型。

(6)由问题模型过渡、转换到实际工程系统。

在应用特性传递工具时,可以与这些推荐的创新原理相结合:增加不对称;复合材料;物理化学参数变化;曲率增加;一维变多维;改变颜色原理;等等。

3. 特性传递案例

问题1:轮胎式挖掘机在平路上运动非常好,但在山路或者泥沼地作业时,却不能够很好地运动和支撑。

第一步,根据问题,将挖掘机作为技术系统,将其组件轮胎作为待传递目标对象,识别其主要功能/特性——支撑和移动挖掘机。

第二步,列出轮胎组件主要功能的优缺点:优点是在平地上具有最好的性价比;缺点是在山地、泥沼上不能够提供支撑移动功能,这是需要传递和替代的特性。

第三步,根据需要传递的特性,列出竞争系统:坦克的履带,机器人的双下肢,机器狗的四肢。

第四步,上述的履带、双下肢和机器狗的四肢都具有与轮胎相应的互补优势,即能弥补轮胎的劣势;但同时又存在新的二级问题,即不能很好地在平地上发挥功能。

第五步,根据挖掘机技术系统的资源,建立特性传递模型,选择机器狗的四肢与轮胎组合的方式作为基本系统。

第六步,将上述特性传递模型过渡到实际工程系统,得到图4.43所示的变形金刚式挖掘机。

图4.43 变形金刚式挖掘机

问题2:手机通信使用4G信号后,速度相对3G提升了很多,但面对上网的需求还是捉襟见肘,尤其是想从网络上下载一部容量超级大的电影时,速度不堪忍受。

第一步,根据问题,将4G网络作为技术系统,识别其主要功能/特性——传输信号。

第二步,列出4G网络的优缺点:优点是能够实现无线通信,性价比高;缺点是速度不能够很好地满足用户上网的速度需求,这是需要传递和替代的特性。

第三步,根据需要传递的特性,列出竞争系统:有线网络,5G网络。

第四步,有线网络与5G网络都与4G存在着互补优势,但都存在新的二级问题,有线网络使得在手机上使用的便捷性消失,不可取;5G网络相比4G网络,其信号频率更高,因此波长更短,更容易被障碍物阻挡,需要建立更多的基站才能够满足信号传输的需要,显然成本太高。

第五步,根据现有4G网络的资源,建立特性传递模型,选择5G网络作为基本系统。

第六步,通过建立微基站甚至借助手机作为站点的方式,将上述特性传递模型向实际工程系统过渡,实现更快的信号传输,满足通信要求。微基站,就是相比宏基站更加小型化,能够封装后分布于生活的各个角落,如图4.44所示。

图4.44 传统宏基站、微基站及封装后可以分布在各个角落的微基站

4. 特性传递应用小结

特性传递可以执行多步传递。比如上述5G网络建立后,微基站过多导致信号分散问题,可以继续进行特性传递,将波束赋形技术传递至通信网络。所谓波束赋形技术,就是在基站上布设天线阵列,通过射频信号相位的控制,使得相互作用后的电磁波的波瓣变得非常狭窄,并指向它所提供服务的手机,而且能根据手机的移动而转变方向。这种空间复用技术,由全向的信号覆盖变为了精准指向性服务,波束之间不会干扰,在相同的空间中提供更多的通信链路,极

大地提高基站的服务容量。

特性传递具有层级性。当技术系统有空间时,可以直接把具有某种特性的组件传递过来,如果没有空间,就只能够传递特性。

比如弹性减震器寿命长,可靠性好,但减震效果差;而橡胶减震器利用分子之间摩擦实现减震,因此效果好,但容易老化导致持久性差。在这种情况下,就没有办法将组件组合在一起,只能做特性传递。可以通过用一些互相缠绕的金属丝,相当于将橡胶分子之间的摩擦转移到了弹性减震器上。

特性传递也可以通过传递惰性系统的功能/特性,对基本技术系统的缺点起到抑制作用。所谓惰性系统,是指那些既没有优点,但也没有缺点,但对基本系统的缺点会产生抑制作用的技术系统或组件。

4.4 技术矛盾应用

4.4.1 确定技术矛盾

1. 基于问题梳理确定技术矛盾

针对工程问题,首先通过深入详尽的分析,建立问题模型。技术矛盾是 TRIZ 理论问题模型之一,为了将问题转化为技术矛盾模型,第一步,需要从问题出发,确定被恶化的参数;第二步,通过因果分析梳理问题,确定被改善的参数。为叙述方便,结合下面的案例进行阐述。

问题 1:立体电影能给人带来身临其境的感觉,因此非常受欢迎。观看立体电影时需要佩戴特殊的 3D 眼镜,对于已经佩戴眼镜的观众来说,常常由于两个眼镜之间不能够很好地贴合,从而影响观影效果。

问题 1 中,两个眼镜之间不能够很好地贴合,仔细分析就会发现,3D 眼镜造型如图 4.45 所示,而观众所佩戴的眼镜形状则多种多样,自然难以满足与所有观影者已经佩戴眼镜的贴合要求。由此可以确定被恶化的参数——适应性。

图 4.45 普通 3D 眼镜造型

继续分析问题,导致上述 3D 眼镜适应性恶化的原因在于,其现有形状的制约,通过因果分析找原因:为什么 3D 眼镜要做成上述的样式呢?因为这样的样式市面上常见,易获得,价格低,这又是为什么呢?因为这种样式的眼镜制造起来容易,由此可以确定改善的参数——可制造性。

对问题 1 技术矛盾确定过程进行总结:商家在制造 3D 眼镜时,为了改善可制造性,将眼镜做成了图 4.44 的形状,结果,观影者在使用中遇到了与已佩戴眼镜之间贴合不够好的问题,恶化了适应性。上述例子比较简单,因此因果链也比较短,对于复杂工程问题来说,因果链的追溯会比较长,从而寻找到的技术矛盾会是多个,不同的技术矛盾解题目标点也会有所差异。

2. 技术矛盾的"如果……那么……但是……"定义法

如果——后面的内容是采用的方案。

那么——后面的内容是采用该方案后得以改善的参数。

但是——后面的内容是改善参数导致的被恶化的参数。

下面以观影时佩戴 3D 眼镜为例,说明上述定义方式的应用。

如果观看 3D 电影时,佩戴普通 3D 眼镜——采取的解决方案。

那么,这种眼镜容易制造——改善的参数:可制造性。

但是,该 3D 眼镜不能够很好地与观众已经佩戴的眼镜贴合——导致参数适应性恶化。

该定义方式中的"如果"句子部分,容易使得初学者将预想解题方案作为定义技术矛盾的基础,"如果我们采取了××方案(方案还停留在思考阶段,并未得以验证实施),那么,会改善技术系统中的某个参数,但是将导致另外的某个参数被恶化"。该种定义方式仅限于对将要采用的方案实施结果非常有把握的情况,而且定义技术矛盾的目的是寻找到解决该方案实施带来的二级问题时才可以用。

4.4.2 矛盾矩阵

矛盾矩阵是解决技术矛盾的 TRIZ 工具,由 39 个技术参数横竖排列构成,其中,矩阵竖排第一列为改善的参数,横排第一行为恶化的参数,见附录。技术矛盾确定的改善的参数与恶化的参数,在矛盾矩阵中形成交叉点,其中为创新原理的编号,这些创新原理构成了解决该技术矛盾的方案模型,使用者根据这些方案模型的启发,可以找寻到适合的解题方案。

矛盾矩阵的对角线上,以黑点或"+"图示,为同一个参数的矛盾,称为物理矛盾,其定义及解题规则详见后文。矛盾矩阵中以"-"图示处,表示针对该技术矛盾目前尚没有发现特别适合的创新原理,40 个创新原理都可以用。另外,矛盾矩阵的结构不是对称的,改善参数 A、恶化参数 B 与改善参数 B、恶化参数 A 所用的创新原理是不同的。

由前述案例 4.1 确定的技术矛盾,利用矛盾矩阵的结果见表 4.5。

表 4.5 案例 4.1 利用矛盾矩阵的结果

改善的参数	恶化的参数			
1.运动物体的重量	…	35.适应性,通用性	…	39.生产率
…				
32.可制造性		2,13,15		
…				
39.生产率				

由表 4.5 可以看出,通过该技术矛盾,查询矛盾矩阵,可以得到,"2——抽取原理;13——反向作用原理;15——动态特性原理"三个创新原理。

4.4.3 解决技术矛盾

由图 4.46 中可以看出,根据所查询到的三个创新原理启发,可以利用抽取原理,将眼镜镜片部分抽取出来,以镜夹的形式提高 3D 眼镜适应性。也可以利用动态特性原理,将眼镜设计为镜腿部分与镜片部分具有一定动态调节功能的图示形状。

图 4.46 利用抽取与动态特性原理的 3D 眼镜

4.5 技术矛盾应用说明

定义技术矛盾,然后通过矛盾矩阵寻找创新原理,这种解题模式能够简化创新原理的应用,是针对不熟练的初学者提供的工具,仅仅是参考,创新原理才是解决问题的核心与关键。

确定技术矛盾难点在选择通用参数。将已有的潜在方案作为改善的参数,是初学者在实际应用中容易犯的错误之一。此外,应认识到工程问题的复杂性必将导致多个矛盾的存在,同一问题,不同的人认识程度不同,定义出的矛盾也不同;分析时出发点不同,或者针对同一技术系统不同功能时,定义出的矛盾也不同。因此,越熟悉问题,矛盾定义越能够反映和接近问题的本质。

第 5 章　解决问题的冲突思维之物理矛盾

5.1　物理矛盾

5.1.1　物理矛盾的概念

阿奇舒乐指出:"当我们对技术系统进行设计或改善时,常常面临这样的难题,我们既希望某个工程参数向一个方向变化以达到期望的效果,与此同时,我们又希望该参数向相反的方向变化以达到期望的效果,这就是技术系统中的物理矛盾。"

与反映两个参数之间矛盾的技术矛盾不同,物理矛盾是针对同一个技术参数产生的矛盾,其冲突尤为激烈。

5.1.2　物理矛盾与技术矛盾

物理矛盾与技术矛盾的区别,不仅仅体现在参数的多少上。当我们准确定义出物理矛盾时,也就意味着我们找到了冲突的本质和根源,在物理矛盾层面得以解决的问题,将使得系统性能得以根本提升。

因此,物理矛盾更接近事物本质,可以通过技术矛盾继续深入挖掘得到。比如在技术矛盾问题 1 中提到,冬天为保持室内温度,把窗户关闭,结果却造成房间内空气流通不畅,导致室内空气不新鲜。该问题存在的技术矛盾是改善"温度",导致氧气"物质的量"的恶化。继续深入挖掘该问题,就会发现是对周围环境空气的状态产生的物理矛盾,一方面我们期望空气流动,不断补充新鲜空气提升含氧量,以满足呼吸通畅需要,但另一方面,我们又希望空气凝固不动,以免低温空气的流入导致房间温度降低。

此外,技术矛盾定义要用 TRIZ 所提供的 39 个技术参数,物理矛盾的技术参数没有限制,可以由使用者根据需要自行定义。在实际应用中,找到合适的关键的参数,是非常困难的,因此物理矛盾的定义很难。

5.1.3 物理矛盾的说明

在物理矛盾的原始定义中,对参数的两个要求是截然相反的,但随着不断的应用,人们发现,某些时候只是工况的不同导致的对参数的要求不同,并非完全相反。比如对于灯泡来说,25 W 的灯泡更省电却照明效果差,而 100 W 的灯泡照明效果好,却更耗电。因此,物理矛盾形式表现为两种:第一种为早期提出的,针对同一参数截然相反的要求;第二种为针对同一参数,由于工况不同,提出的不同要求。

此外,当我们对同一参数的期望改变方向,与其固有属性发生矛盾时,也作为物理矛盾的一种。比如,古代一些帝王希望能够长生不老,而人的寿命有限是自然规律,是固有属性,这种情况就构成了特殊的物理矛盾。

5.1.4 物理矛盾的表现形式

根据工程问题的不同,物理矛盾可以从不同的技术系统层级和角度进行定义,概括地讲,可以有以下几种形式。

站在技术系统或者子系统的角度,该技术系统或者子系统必须存在,同时,该技术系统或子系统必须不存在,这是物理矛盾的表现形式之一。比如,汽车上的发动机必须存在,以提供动力使汽车奔跑;但同时,发动机又不应该存在,以免消耗能源,造成污染。

站在功能的角度看,技术系统或者子系统必须具有某种功能"F";但同时,技术系统或者子系统必须具有某种反向功能"-F",这是物理矛盾的表现形式之二。比如铅笔,必须具有书写符号的功能,但同时又必须具有可擦除的功能。

技术系统或者子系统必须处于某种状态"S";但同时,技术系统或者子系统必须处于反向状态"-S",这是物理矛盾的表现形式之三。比如汽车的前挡风玻璃,必须处于清晰的透光状态,但常常由于下雨或者冬天水雾集结,导致其处于模糊不清的透光状态。

技术系统或者子系统必须按照要求跟随时间发生变化;但同时,技术系统或者子系统必须稳定,按照要求不能够随时间发生变化,这是物理矛盾的又一种表现形式。

5.2 分离方法

物理矛盾是事物对立统一属性在技术系统某个参数上的体现，通常可以通过时空转移、附加一定的条件或者通过系统级别的转换，规避矛盾对立面，寻求矛盾统一体，或者将矛盾对立面转化为矛盾统一体。与此相对应，TRIZ 中将物理矛盾由对立转换为统一的方法归纳总结为时间分离、空间分离、系统级别分离和条件分离四类，统称为分离方法。

5.2.1 时间分离

时间分离就是将物理矛盾中对立的双方通过分配调整，使之在不同的时间段上实现，从而化对立为统一，实现矛盾规避，降低解题难度，进而找到解题方案。比如十字路口的交通问题就是个物理矛盾，一方面车必须通过十字路口，另一方面又不能通过十字路口，因为车辆通过十字路口时会阻碍另一条十字道路上车辆的通行。如何解决这个必须通过、但又不能通过的物理矛盾呢？可以通过时间分离方法，利用交通信号灯将矛盾双方进行转化，从而解决矛盾，保证交通顺畅。

5.2.2 空间分离

空间分离就是通过将物理矛盾中对立的双方分配调整到不同的空间上，从而将对立转化为统一，达到化解矛盾的目的，进而找到解题方案。对于上述十字路口的交通问题导致的物理矛盾，除了可以利用时间分离解决问题外，也可以通过建设立交桥，使得十字路口通行的车辆在不同的空间上各行其道，从而将矛盾双方进行转化，保证交通顺畅。

5.2.3 系统级别分离

系统级别分离是将物理矛盾中对立的双方置于不同的系统级别上，或者上升到超系统，或者跃迁到子系统，从而促使矛盾由对立向统一转化，达到化解矛盾、解决问题的目的。围魏救赵的典故，就是典型的利用系统级别分离方法解决物理矛盾的案例。面对强大的魏国军队和即将灭国的盟友赵国的求救，齐国面临着异常艰难的选择，一方面需要与魏国发动战争以解盟友燃眉之急，另一方面又不能够与魏国开战,因为齐国不具备一定战胜魏国、取得胜利的优势,具有较强战斗力的魏国同样会给齐国带来巨大损失。因此,齐国采取了攻击魏国国都,而不是到正面战场直接面对魏国军队的战略,绕过军队这个子系统,直接面对国家这个超系统,通过系统级别分离化解危难与矛盾,从而既达到了解救盟友的目的,又使自己国家的利益得到了保证。

5.2.4 条件分离

条件分离是通过创造条件,将对立的双方向统一转化,从而化解物理矛盾双方的冲突,使问题得以解决。路灯的升级换代就是利用条件分离方法解决物理矛盾的例子。路灯带来的物理矛盾是,一方面要打开,给行人和车辆照明,另一方面要关闭以节约电能。因此,最初的路灯开关控制采用时间分离方法解决矛盾,只在晚上规定的时间将路灯电源打开,而在白天则关闭路灯。后来发现,由于冬夏黑天的时间有差异,会出现路灯在天很亮的时候打开,或者在已经很黑的时候仍然处于关闭状态的情况。上述时间分离方法没有很好地解决物理矛盾,而真正使这一问题得到解决的是通过条件分离方法,结合行人和车辆通过时的声音以及外部环境亮度情况等条件,使得路灯在有行人车辆通过且周围光线较暗时,路灯自动打开,而在其他时候则处于关闭状态,从而很好地解决了矛盾,既满足了照明需要,也使电能耗费降低。

5.3 发现并解决物理矛盾

5.3.1 发现并建立物理矛盾模型

针对技术系统中存在的问题,通过因果分析建立因果链,从因果链中发现矛盾冲突点,然后结合资源分析,抽取出引起矛盾的技术参数,同时将冲突抽象为对该技术参数的两个不同的要求,进而建立物理矛盾模型。简单地说,就是根据对问题的分析结果,确定一个参数 P,将问题转化为对参数 P 的两个不同要求 P^+ 和 P^-,如图 5.1 所示。

5.3.2 解决物理矛盾

正确地建立物理矛盾是解决问题的关键,一旦物理矛盾得以正确地建立,

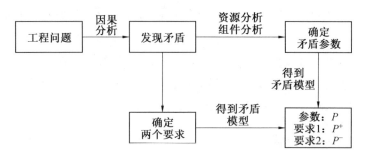

图 5.1 物理矛盾模型建立过程

意味着问题已经得到七八成的解决。

解决物理矛盾的工具是分离方法。根据参数及其不同的要求,首先考虑是否能够通过时间分离或空间分离方法使得矛盾得以化解。当满足参数不同要求的两个时间或空间没有交叉时,如图 5.2(a)所示,即可运用时间或空间分离方法化解矛盾,解决问题。而当满足参数不同要求的两个时间或空间出现了如图 5.2(b)所示的交叉情形时,意味着时间或空间分离对于该矛盾模型无效,需要考虑通过系统级别分离或条件分离的方法解决矛盾。

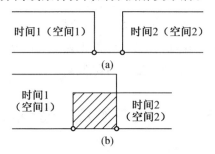

图 5.2 物理矛盾的解决示意图

大部分工程问题只要建立了合适的物理矛盾,并恰当应用了分离方法,基本上都可以寻找到解决方案。对于少量复杂问题,需要借助创新原理才能够确定解决矛盾的技术方案,从而使问题最终得到解决。为此,TRIZ 中针对不同分离方法推荐了可以选用的创新原理,见表 5.1。

如果利用创新原理仍然不能找到合适的技术方案,可以进一步利用 HowTo 模型,借助科学效应库中的效应寻找解决问题的答案。HowTo 模型和科学效应的应用属于 TRIZ 的高级理论部分,本书不做深入探讨,有兴趣的读者可以自行学习。

表 5.1 与分离方法对应的创新原理

分离方法	创新原理
时间分离	（9）预先反作用原理、（10）预先作用原理、（11）事先防范原理、（15）动态特性原理、（34）抛弃或再生原理
空间分离	（1）分割原理、（2）抽取原理、（3）局部质量原理、（4）增加不对称性原理、（7）嵌套原理、（17）一维变多维原理
条件分离	（3）局部质量原理、（17）一维变多维原理、（19）周期性运动原理、（31）多孔材料原理、（32）改变颜色原理、（40）复合材料原理
系统级别分离	（1）分割原理、（5）组合原理、（12）等势原理、（33）同质原理

根据上述讨论,物理矛盾的解决可以总结为如图 5.3 所示的流程。

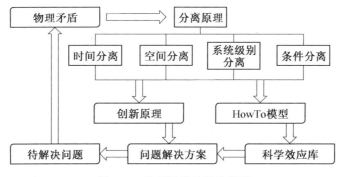

图 5.3 物理矛盾的解决流程

5.4 物理矛盾应用实例

5.4.1 高速鱼雷的发明

1. 问题的提出

鱼雷是海军的重要武器,特别是在攻击型潜艇上,鱼雷更是战争中最主要的攻击武器。但鱼雷前进速度比较慢,就连以航速高著称的美国海军 MK50 鱼雷,速度也只能够达到 60～70 节（1 节表示航行速度为每小时 1.852 千米）,使得其打击能力受到限制。为提高鱼雷打击能力,适应快速攻击需要,进一步提高鱼雷的航速是提高鱼雷战斗力的关键。

2. 分析问题并建立物理矛盾模型

从问题的表象看,需要解决的是鱼雷的速度问题,物理矛盾模型中的参数很容易确定为鱼雷的"速度","慢"是其现有状态,"快"是我们的期望,这两个要求似乎就是我们要找的物理矛盾模型。很快我们就会发现,如果仅仅从这个表象矛盾出发,很难深入问题,反而会限制我们的思路,不能提供给我们更多的启发与思考空间。所以,在这里首先要进行因果分析,由于问题比较简单,因此因果链较短,如图 5.4 所示。

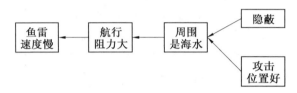

图 5.4　鱼雷速度慢的因果分析

由图 5.4 所示的因果链可以看出,导致鱼雷速度慢的根本原因是周围的海水,如果鱼雷能够在空气中飞行,显然速度可以得到极大提高,但飞行在空气中的已经不再是鱼雷,可能变成了导弹。根据分析,得到的物理矛盾模型参数是鱼雷周围的"环境",我们要求该环境是"海水",这是构成鱼雷的基本条件,但同时我们期望是"空气",可以提高其打击速度。

3. 解决物理矛盾

建立了上述物理矛盾模型,就可以根据该模型尝试使用分离方法解决问题。时间分离方法显然不合适,空间分离方法呢?从空间上说,鱼雷的哪个空间需要在海水里?哪个空间需要在空气中?这两个空间之间有没有交叉?

由上述思路可以看出,如果鱼雷整体在水中飞行,而在其周围形成空气环境,就可以利用空间分离方法化解矛盾,使问题得以解决。由此,问题的关键是如何在鱼雷航行周围的小空间内形成空气环境。实际上,普通鱼雷在航行过程中就存在空化现象,可以利用"抽取"创新原理,将原本有害的空化现象抽取出来,利用喷嘴在鱼雷的适当位置向空泡部位注入空气或燃气,则空泡的负压将变为正压,形成一个较大型的筒状空洞,包围着鱼雷,形成"超级空化"现象,即可使上述问题得到解决。

1999 年的阿布扎比国际防务展览会上,俄罗斯展出的"暴风雪"鱼雷,航速高达 200 节,就是利用上述方法设计和制造的,如图 5.5 所示。

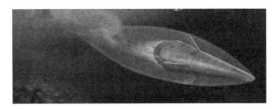

图 5.5　俄罗斯"暴风雪"鱼雷

5.4.2　瓢虫体温的测量

1. 问题的提出

阿奇舒乐曾经提出过一个很有趣的问题：如何在不伤害瓢虫的情况下测量出其体温？

2. 分析问题并建立物理矛盾模型

瓢虫体温难以测量的原因，在于没有合适的温度计，继续分析原因，则是由于瓢虫的体形太小，难以用普通的温度计进行测量。因此，如果能够使瓢虫的体形增大，就可以方便地测量其体温。针对问题特点，将瓢虫作为技术系统，将其体形作为参数，在测量其体温时希望瓢虫的体形大，但瓢虫体形的固定属性是小。因此，针对该问题就建立了物理矛盾模型，参数是瓢虫体形，一方面为了方便测量体温，期望该参数大；另一方面，瓢虫体形本身就是小的。

3. 解决物理矛盾

显然，为了解决前述建立的物理矛盾，利用时间、空间分离都不能够奏效。如果考虑采用系统级别分离方法，问题的关键就是瓢虫的超系统或者子系统如何构建。该问题中，瓢虫是技术系统，向超系统跃迁的结果是大量瓢虫，显然，对一个瓢虫难以测量体温，但如果将大量瓢虫聚集在一起，测量其体温就变得相对容易了。

第6章 物场分析及标准解

6.1 物场分析

6.1.1 物场分析的概念

物场分析是阿奇舒乐于1979年在他的专著《创造是精密的科学》中提出的一种解决问题的方法。某些情况下,当矛盾不易被发现,或者技术系统的相关参数非常难以确定时,可以基于组件分析,通过建立物场模型的方式解决问题,这就是物场分析。

物场分析,有时被称为物场理论,是 TRIZ 中一种常用的解决问题的方法,该方法具有鲜明的特点,围绕技术系统及其出现的问题,分析系统内部各组件之间的关系,通过建立结构化的模型,用符号语言清楚地表达技术系统的最小功能,正确地描述系统的构成要素以及构成要素之间的相互关系,从而聚焦问题。

物场分析遵循 TRIZ 中解决问题的一般流程,首先分析问题,建立问题模型——物场模型,然后运用中间工具——标准解法系统,最终获得对应的解决方案模型——标准解。因为标准解法系统提供的解决方案模型更为具体,所以在实际应用中,物场分析深受 TRIZ 专家们的喜欢。在应用物场分析时,使用者要具有更扎实广泛的技术知识基础,如工程知识、实现物理效应的知识等。

6.1.2 物场模型

物场分析从物质和场的角度来分析和构造技术系统,其所构建的每个技术系统都是为了完成特定的功能而存在的,该功能一般由物体或者物质 S_2(工具),通过一定的场(提供能量)的作用,施加在另一个物体或者物质 S_1(作用对象)上。阿奇舒乐通过对大量的技术系统进行分析后发现,一个技术系统如果想发挥其有用的功能,就必须至少构成一种最小的系统模型,这个最小的系统模型,应当具备三个必要的元素,即两种物质和一个场(F)。这种由物质和场描述的最小技术系统模型,就是物场模型,图6.1给出了基本的物场模型示意图。

物场模型中包含三个基本概念,即物质、场和相互作用。

物质可以是自然界中的任何东西,如桌子、房屋、空气、地球、太阳、人、计算机等,相对于一般意义上的物质,TRIZ中的含义更为广泛,不仅包括各种技术系统或其子系统,而且涵盖外部环境甚至是各种生物。物质概念被放大的目的在

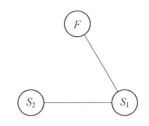

图6.1 基本的物场模型示意图

于简化解决问题的进程,它允许人们暂时抛开物体所有多余的属性,只关注于区分那些引起矛盾的特性。运用更为一般化的物质概念,可以解除人们过往对该物体的认知惯性,从而使矛盾显得更突出、更明显,更方便我们结合实际问题将物质代入物场模型中去。物质的代号是S,对于一个系统中的多种物质,可以利用下角标的序号加以区分,如S_1、S_2、S_3等。通常我们用S_1来表示被动作用体,用S_2来表示主动作用体,用S_3来表示被引入的物质。

物场模型中的场是引起物质相互作用的一种形式,它的概念同样有别于物理学中的场。物理学中的四种场(重力场、电磁场、强相互作用场、弱相互作用场)及其相互作用解释了自然界中的所有过程。但是,这种分类对于描述技术系统或其子系统物质之间的相互作用是不够的,我们需要更加丰富的场的分类以使问题的描述更为具体准确。因此,在物场模型中,我们不仅可以使用更细的分类,如力场(压力、冲击、脉冲)、声场(超声波、次声波)、热能场、电场(静电、电流)、磁场、电磁场、光场、化学场(氧化、还原、酸性环境、碱性环境)、气味场等,而且可以使用如拍打、承受、毒害、加热等作为场的一种。场的代号是F,对于一个系统中的多种场,可以利用下角标的序号加以区分,如F_1、F_2、F_3等。

物场模型中的相互作用,特指为了满足特定的功能需要,工具物质S_2通过场,施加在作用对象S_1上的作用。表6.1给出了物场模型中物质之间彼此相互作用的类型、表示符号及表示方法。

表 6.1　相互作用的类型、表示符号及表示方法

作用类型	表示符号	颜色表示
有用作用	──────→	黑色
不足作用	── ── →	绿色
过度作用	+++++ →	蓝色
有害作用	∼∼∼∼→	红色

6.1.3　物场模型的类型

按照上述物质相互作用关系的不同,在使用时常常将物场模型划分为四种类型,即有用作用的物场模型、不足作用的物场模型、过度作用的物场模型和有害作用的物场模型。

如图 6.2 所示为以注射器为例建立的四种物场模型。如果对注射器展开组件分析,存在多个组件之间的相互作用,其中活塞对于药液的作用有两个,即推压和密封。一般注射器活塞的密封性都能够很好地满足要求,因此这就是一种有用作用,其物场模型如图 6.2(a)所示。

而活塞对于药液的挤压作用,取决于操作者手的推力,如果操作者手的推力比较小,活塞就挤压不动药液,此时的作用就是不足作用,其物场模型如图 6.2(b)所示;如果操作者手的推力比较大,则活塞推动药液速度比较快,病人会出现疼痛加剧的感觉,此时就出现了过度作用,其物场模型如图 6.2(c)所示;为了注射,针头需要刺入肌肉,却对肌肉产生损伤,这就是有害作用,其物场模型如图 6.2(d)所示。

6.1.4　标准解法系统

站在物场模型的角度看,技术难题的产生是由于模型中的某一物质或者场所需要发挥的机能没有很好地实现,从而导致系统内部发生冲突,出现不足的、过度的、有害的作用,而解决问题的途径,就是消除掉模型中存在的这些不足的、过度的、有害的作用。为了经由上述途径解决问题,可以引入另外的物质,也可以改进物质之间的相互作用,并伴随能量(场)的生成、变换、吸收等,将物场模型从一种形式变换为另一种形式。

阿奇舒乐经过大量的研究后发现,如果所解决工程问题的物场模型相同,

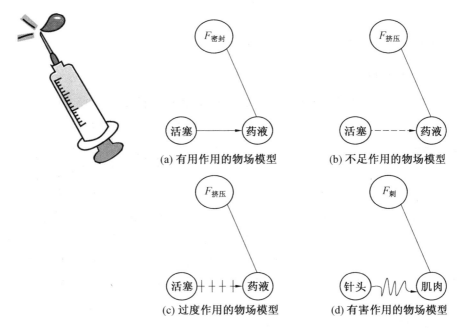

图 6.2　物场模型的类型示意图

那么这些问题的最终解决方案的模型也相同,而且各种技术系统及其变换都可以用物质和场的相互作用形式表述。于是,阿奇舒乐将这些变化的作用形式进行了归纳总结,形成了标准解法系统。标准解法系统既可以用来解决系统内部的矛盾冲突,同时也可以围绕用户的需求来进行全新的产品设计。

6.2　标准解

在研究形成标准解法系统的过程中,阿奇舒乐一共提出了五大类 76 个标准解,见表 6.2。

表 6.2　标准解的分类及数量

类别号	类别	数量
1	建立或破坏物场模型	13
2	增强物场模型	23
3	向超系统和微观系统跃迁	6
4	检测和测量	17
5	应用标准解法的标准	17

6.2.1 建立或破坏物场模型

1. 建立物场模型

当围绕工程问题所涉及的技术系统所建立的物场模型三个要素——物质 S_1、物质 S_2、场 F，三者缺一时，此时的物场模型称为不完整的物场模型。例如某个物场模型仅仅只有一种作用对象物质 S_1，那么需要增加工具物质 S_2 和一个相互作用场 F，从而形成完整的物场模型，这个过程就是建立物场模型。显然，根据用户需求进行新产品设计的过程，都属于建立物场模型的过程。

常常用到的建立物场模型，是获取所需要的工具物质。比如，开车使用手机导航时，需要将手机固定在司机方便观察的位置，但是车上却没有提供支撑手机的工具，此时的物场模型就属于不完整模型。而使用手机导航支架，就是通过建立物场模型来解决问题的。其问题模型及标准解模型如图 6.3 所示。

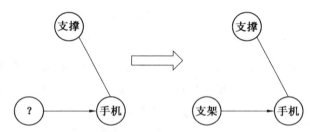

图 6.3　建立物场模型标准解示意图

还有一种物场模型，两种物质都是完整的，却需要通过触发补充场才能够建立完整的物场模型。比如弓箭，需要通过拉伸弓弦补充场，从而建立完整的物场模型；炮仗通过点燃火药触发场，从而建立完整的物场模型；而手枪是通过扣动扳机触发场，从而建立完整的物场模型。如图 6.4 所示。

2. 破坏物场模型

对于技术系统内部存在的有害作用，可以由如图 6.5 所示的标准解得到启发，确定解题方向，寻求解决方案。图 6.5 的标准解告诉我们，消除有害作用，既可以通过引入物质(S_3)的方式，也可以通过引入场(F_2)的方式实现。

（1）引入物质(S_3)。

通过引入 S_3 提供问题解决方案，在人类生活的各个方面都有广泛的应用。比如，烧烤是人类最原始的烹饪方式，但高温火焰很容易破坏食物，使之变糊，

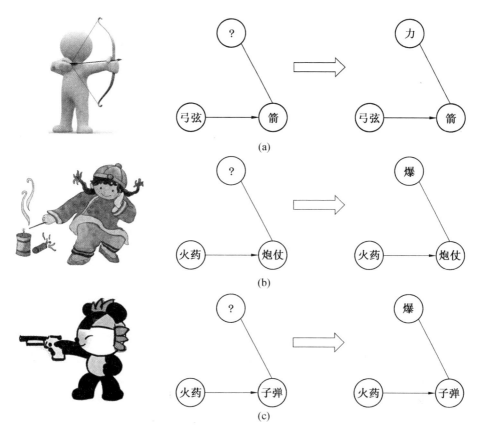

图 6.4 通过触发场建立完整物场模型的标准解示例

于是人们发明了烤盘以改善这种状况。而烤盘依然会出现糊锅现象,解决这一问题的方法是加入食用油。随着人类社会的进步,为了解决糊锅问题,人们在锅和食物之间添加了水,发明了新的烹饪方法。上述过程,正是通过不断添加 S_3 来解决问题,从而带来了烹饪方式与性能的不断进步和提升的过程。如图 6.6 所示。

通过引入 S_3 提供问题解决方案,同样被大量应用于生产过程中。例如,轴与轴肩直接接触,很容易产生磨损,而且其更换成本高昂,实际生产过程中,解决这个问题的方法是引入轴承,轴承的引入不仅降低了磨损程度,而且大幅降低了更换成本。而对于滚动轴承来说,同样存在着滚动体与内外圈直接的摩擦磨损,生产中通过添加润滑油的方法减轻摩擦,降低磨损。其标准解的解题模型如图 6.7 所示。

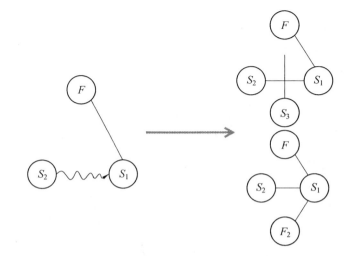

图 6.5　破坏物场模型的标准解示意图

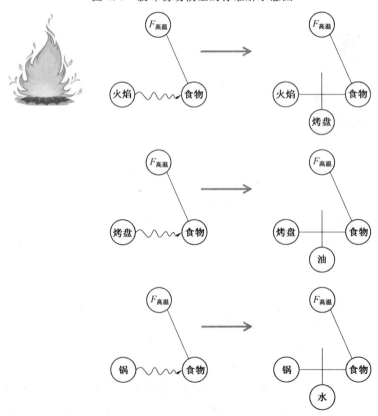

图 6.6　破坏物场模型的标准解在烹饪方法中的应用示意图

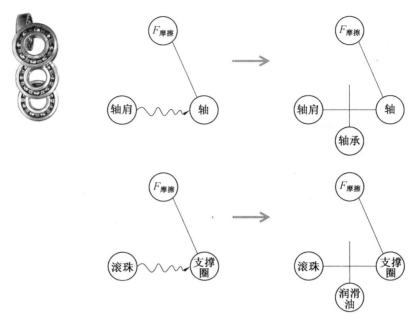

图 6.7 破坏物场模型的标准解在降低旋转轴摩擦中的应用示意图

S_3 也可以是中空,在解决某些工程问题时,为了降低解题成本或者获得更加便捷的解题方案,可以引入中空,以消除有害作用。比如,前面所述的烧烤问题中,人们也常常通过使用一种烧烤架,增加食物与火焰之间的距离,从而降低火焰对食物的破坏。在运输某些容易被环境磕碰损坏的物体时,也可以通过在其周围增加中空的方式达到防止磕碰的目的。如图 6.8 所示就是增加中空作为 S_3 引入的例子。

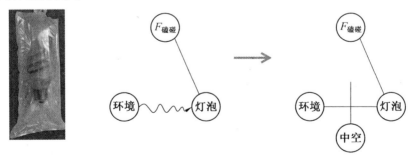

图 6.8 通过引入中空破坏物场模型的标准解应用示意图

(2)引入场(F_2)。

当受到技术系统本身条件限制,不允许引入 S_3 时,或者通过引入 S_3 的方式使得解题成本较高时,可以尝试通过引入场(F_2)的方式解决问题。

在脚腱拉伤手术后,必须利用绷带将腿脚固定起来,其所带来的问题是,肌肉如果长时间不用的话就会萎缩。为了消除这一有害作用,通常需要在物理治疗阶段向肌肉加入一个脉冲的电场 F_2,来防止肌肉的萎缩。解决该问题的物场模型及标准解如图 6.9 所示。

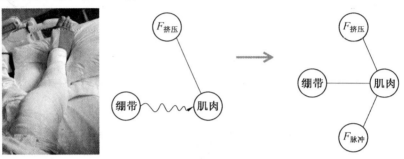

图 6.9 通过引入场来破坏物场模型的标准解应用示意图

6.2.2 增强物场模型

当技术系统中出现不足作用时,可以通过将建立的物场模型转换为复杂的模型,或者通过利用更可控的场,采取分割,利用中空,掺杂改变物质均匀性,增加系统的柔韧性、适应性、动态性等标准解,确定解题方向,寻求解决方案。

1. 转化成复杂的物场模型

复杂的物场模型包括链式物场模型和双物场模型两种类型,图 6.10 为其标准解示意图。

(1)链式物场模型。

如图 6.10 所示,通过引入 S_3,将物场模型中原来的工具物质转换为一个完备物场模型,可以实现独立控制,形成链式物场模型,从而增强其功能,消除原有系统作用的不足。比如,用手投掷石子时,想投掷较远的距离非常困难,而通过引入弹弓,首先通过手与弹弓构成物场模型,然后再作用于石子,就可以加大投掷距离,其标准解模型如图 6.11 所示。

通过将物场模型转换为复杂链式模型,从而消除不足作用使问题得以解决的例子非常多,比如拧不动瓶盖时,通过垫毛巾增加摩擦力;利用起钉器代替手将订错的订书钉起出来;通过给自行车增加浮力气囊制造出的水陆两栖自行车等,都属于该类型标准解的应用实例。

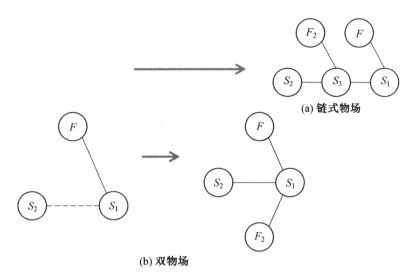

图 6.10 转化为复杂物场模型标准解的示意图

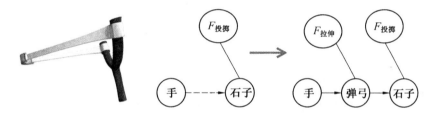

图 6.11 转化为链式物场模型标准解应用示意图

(2) 双物场模型。

当受到技术系统本身条件限制,不能够向链式物场模型转化,或者向链式物场模型转化后解题成本较高时,可以考虑采用双物场模型尝试解决问题。

磨削加工是改善工件表面质量,提高加工精度的有效途径。对于超硬度材料来说,传统的磨削方式对砂轮硬度要求非常高,加工非常困难,加工成本很高。而通过增加电场,将高硬度材料的磨削修改为电解磨,则可以大大降低对砂轮硬度的要求,从而降低加工难度和成本。解决该生产问题的标准解模型如图 6.12 所示。

此外,生产中利用超声波清洗工件上的油污,使零件在高温情况下挤压成型等方式,都属于双物场模型标准解应用的例子。

2. 增强物场模型

利用更可控的场,提高物质的分割程度,利用中空,通过掺杂改变物质均匀

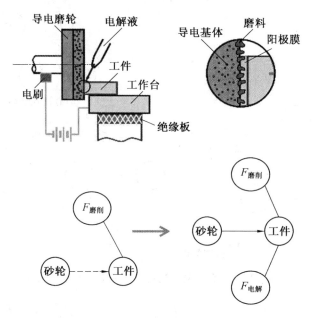

图 6.12 复杂双物场模型标准解的应用

性,增加系统的柔韧性、适应性、动态性等都属于增强物场模型类型的标准解。

(1)利用更可控的场。

利用更可控的场的标准解见图 6.13 所示。在使用该类标准解时,遵循场的可控性按照机械场、热场、化学场、电场、磁场、声场以及光场等依次升高的一般规则。

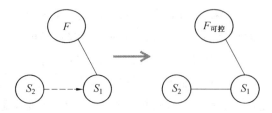

图 6.13 利用更可控的场的标准解示意图

比如,为了节约用水,在公共场所将手动式水龙头改造为由红外控制,从而避免粗心者使用后忘记关水龙头而造成浪费。具有自动换刀功能的数控刀具通过接触式编码环进行识别时,可靠性差,很容易发生磨损或者触点污染导致的识别失误情况,而采用非接触电磁式编码,就可以很好地避免这种失误的出现;当采用光电式编码进行识别时,可以获得更高的可靠性。图 6.14 给出了其标准解用法示意图。

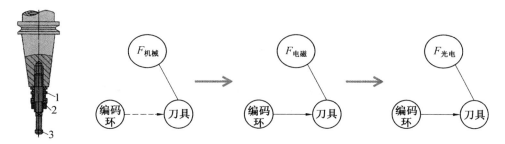

图 6.14 利用更可控的场的标准解用法示意图
1—编码环;2—压紧螺母;3—拉杆

(2)提高物质的分割程度。

直尺是一种使用非常方便且常见的测量工具,但其量程比较小,如果单纯增加量程,会导致过长不易携带,而通过分割后形成的折叠尺很好地解决了这一问题。同样,利用花洒将单个水流分割成很多个,不仅增加了冲洗面积,而且使得水流的冲力更加柔和可控。这些都是提高物质的分割程度的标准解的用法,其示意图如图 6.15 所示。

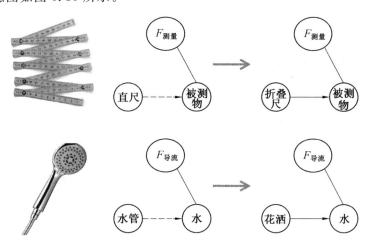

图 6.15 提高物质分割程度标准解的用法示意图

(3)利用中空或毛细现象。

普通水杯很难保温,而增加一层真空层的真空杯则可以大大提升保温效果。同样,北方地区的房屋在建造时设置双层窗户,利用两层窗玻璃之间的中空可以大大提高房间内的保温效果。这些都是利用中空增强功能消除不足作用的例子,其示意图如图 6.16 所示。

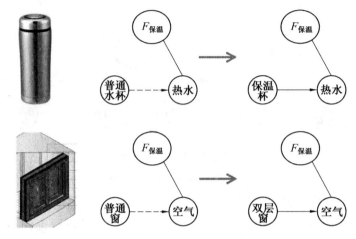

图 6.16　利用中空标准解的用法示意图

(4)通过掺杂改变物质均匀性。

向土里添加些草,变成掺杂物后,可以提高泥巴的强度。普通的水射流在压力足够的情况能够切割金属板,往水里添加颗粒形成的磨料流,在同样的压力下可以提供更大的切削力。这些都是通过改变物质均匀性消除不足作用的例子,其标准解应用如图 6.17 所示。

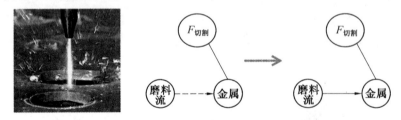

图 6.17　利用改变物质均匀性标准解的用法示意图

(5)提升系统的柔韧性、适应性和动态性。

前文提到的将普通直尺通过分割形成的折叠尺,其测量功能得到了一定程度的提高,相比之下,具有更好的柔韧性、适应性更强的卷尺或皮尺,其测量功能更加强大。同样,在较大的餐桌中间增加可以转动的部分,可以方便客人用餐,避免够不到想吃的菜品的尴尬。这些都是通过提升物质柔韧性、适应性和动态性,从而增强技术系统功能,消除不足作用的标准解的应用例子,其示意图如图 6.18 所示。

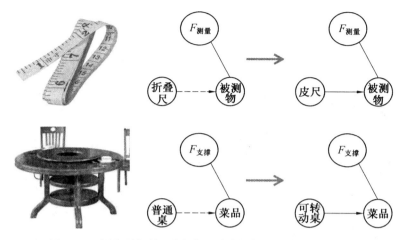

图 6.18 提高柔韧性、适应性和动态性标准解的用法示意图

(6) 利用铁磁材料或者提高系统协调性。

房屋装修的时候,为了防止房门碰撞墙壁,通常在墙上增加一个凸出的支点,而如果将这个支点设计成磁性材料,并在门的相应位置放置铁片,不仅能够起到防止门撞到墙的作用,而且能够将门吸附在支点上,不会随风摆动。这个例子就是通过铁磁材料的应用增强系统功能,从而消除不足作用的标准解的用法。

利用超声波治疗肾结石时,通过设定超声波的频率,使之与肾结石的固有频率产生协调共振,可以提高碎石效率,增强治疗效果。这是通过提高协调性消除不足作用的标准解应用例子之一。

6.2.3 向超系统和微观系统跃迁

1. 向超系统跃迁

单个轮子的车很不稳定,只能够用于表演,维持其平衡需要表演者经过长期的艰苦训练。增加一个轮子的自行车或者摩托车,支撑平衡能力显著增加,一般人经过短时间的练习就能够操作。三轮以上的车,无需过多练习就能够保持平衡。由此可见,随着作用不足的物场模型中工具物质由单向双到多,不断向超系统跃迁,技术系统的功能得以不断增强。这就是向超系统跃迁标准解的应用特点,其示意图如图 6.19 所示。

此外,利用合唱增加演唱气势以烘托表演气氛;通过 3D 电影为观众提供

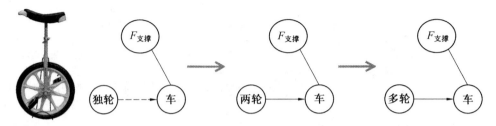

图 6.19 向超系统跃迁标准解的用法示意图

身临其境般更加真实的体验感;以及利用多音轨技术,将合奏音乐中的每一个构成单元分别单独录制,然后再编辑合成,从而为我们提供完美无瑕的音乐效果等等,都是通过向超系统跃迁实现技术系统功能增强的例子。

2. 向微观级系统跃迁

传统治疗癌症的药物只有很少的一部分施加在癌细胞上,通过纳米技术制造的靶向药物可以直接作用于癌细胞,大大提高了药物的疗效。这是利用向微观级系统跃迁的标准解的例子之一,如图 6.20 所示。

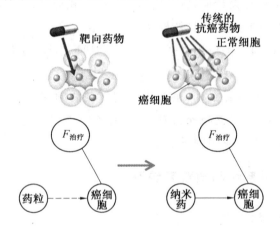

图 6.20 通过向微观级系统跃迁实现靶向药物治疗的标准解的用法示意图

如图 6.21 所示的清洁球,是利用向微观级系统跃迁标准解的又一实例。日常清洁卫生过程中,沙发下面是一个难以清理的死角,而通过向微观级系统跃迁,将清洁球的体型变小,从而可以方便地进入沙发下面等不容易清理的死角,更好地完成清洁任务。

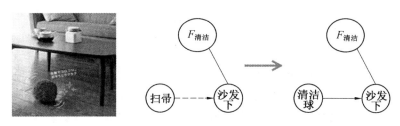

图 6.21　向微观级系统跃迁的清洁球增强了死角的清洁功能

6.2.4　检测和测量

检测指依据国家有关法律、法规、工程建设强制性标准和设计文件，对建设工程的材料、构配件、设备，以及工程实体质量、使用功能等进行测试，确定其质量特性的活动。测量是按照某种规律，用数据来描述观察到的现象，对事物做出量化描述。根据二者的概念可以看出，检测是一个二元过程，解决的是有与无、是否发生等的问题；而测量过程则是多元的，需要取得对测量对象定量和精确的描述结果。

1. 间接检测与测量

通过技术系统的改造，建立间接检测与测量物场模型，从而使原来需要进行检测与测量的系统不再需要检测与测量。对于难以检测与测量的物体，通过构建或者选择合适的复制品，完成需要的操作。或者利用离散检测与测量代替连续操作等。

（1）改变技术系统省略检测与测量。

在热水器产品中增加双金属片，实现水烧开后自动断电，从而省略掉对热水是否烧开的检测；在手机充电器中增加充电指示灯，通过颜色变化提示电已经充满，从而省略对电量的检测。

（2）利用复制品进行检测与测量。

相信中学时代学习相似三角形后，大家都记得老师布置的测量旗杆高度的作业，是通过测量旗杆影子的长度完成的；曹冲称象的典故，是通过同等重量石头称量出大象重量的。

（3）利用离散代替连续检测与测量。

平面度、圆柱度等形位公差的测量是通过在加工表面上取几个点完成的，精确的结果是测量整个表面，显然，这种方式是没有办法实现的。

2. 建立技术系统的检测与测量物场模型

(1)建立物场模型。

对于没有检测与测量物场模型的技术系统,通过所缺少物质或者场的引入,建立其检测与测量物场模型。如检测自行车内胎是否漏气时,检测人员通过补充水这个工具物质,建立了完整的检测与测量物场模型;安装煤气表后,为了检验接头处是否泄漏,安装人员常常用洗洁精调制一些水涂抹在检测部位,如果出现气泡就说明有泄漏,本例也是通过补充工具物质建立完整的物场模型,从而完成检测与测量。

(2)通过向系统中引入附加物建立检测与测量物场模型。

煤气是无色无味的,泄漏了人们也无法察觉,从而威胁生命,向其中加入硫醇后,便形成了检测与测量物场模型,一旦泄漏,便会释放臭味,从而提醒人们注意。

(3)通过向环境等超系统中引入附加物建立检测与测量物场模型。

有时候,受到技术系统条件约束,不允许向其中添加额外的东西,此时,可以考虑向外部环境中引入附加物,从而完成检测与测量物场模型的建立,完成必要的检测与测量。

比如,为了判断是否在无人时有人进入房间,常常在门缝处放置头发,在地上洒一些不容易察觉的灰,或者将某个物体进行特殊摆放,查看是否被动过等等,这都是通过将附加物引入到环境中来建立物场模型,实现检测与测量。

3. 增强测量物场模型

(1)应用自然现象增强物场模型。

位置光栅传感器能够测量微小的位移,但测量精度和分辨率却受到栅格刻蚀技术的限制。激光干涉仪则直接利用激光的干涉,利用固有的光波长属性实现微小位移的测量,极大地提高了测量精度和分辨率。

(2)应用振动或共振现象增强物场模型。

古代通过吹一口气,然后放在耳朵旁边听声音的方式,鉴别大洋的真伪,就是利用了大洋振动发声现象;应用音叉来调谐钢琴,则是通过琴弦的频率和音叉产生共振而实现检测与测量。

6.2.5 应用标准解法的标准

1. 引入物质的标准

在应用物场模型解决问题时,如果标准解提示需要引入物质,应首先考虑如何使引入的物质是系统原有物质的变形,比如是否能够通过原有物质的分割、分解、分离,或者通过原有物质的合并、合成完成所需要新物质的功能。

当以原有物质变形的方式引入新物质非常困难或不可能实现时,可以考虑引入廉价的、易于获得的物质,比如原物质的复制品、中空、以存在的场替代,或者完成功能后能够自动消失的临时添加物等。

将超系统中存在的物质作为新物质引入,是另一种选择,超系统物质的引入同样要考虑其变形、廉价和易获得性。

2. 引入场的标准

当需要向系统中引入场时,可以考虑首先使用系统中已经存在的场或超系统中已经存在的场,其次,考虑是否能够应用系统中的物质或者场,生成所需要的另外一种场,生成方式包括但不限于相变、合成、讲解和自然现象等。

6.3 物场分析应用

物质和相互作用,是实现一个技术系统功能的两个必不可少的元素,物质通过相互作用,最终实现系统的功能。因此,物与场包含了一个技术系统中全部最重要的东西,物场分析也就反映出一个技术系统中存在的根本问题。物场分析法把一个技术系统分解到"物"和"场"这种"分子"的级别,从这个方面来说,求解物场问题是一个帮助和促使我们深入到技术系统的微观层面的过程。

6.3.1 物场分析的解题流程及使用步骤

物场模型揭示了技术系统结构上的内涵和特点,借助该模型及标准解法系统形成了TRIZ中一个独特的解题方法,其解题流程如图6.22所示。

物场分析的标准解是解题方案模型,数量多达76个,内容离散复杂,头绪繁多,初始使用起来不是很容易和方便。为了降低使用难度,增加兴趣和信心,建议初学者尝试遵循下面的使用步骤。

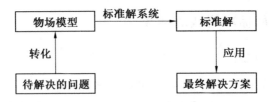

图 6.22 物场分析的解题模式

(1)以图文并茂的方式描述问题工况。

(2)认真分析问题,列出技术系统组件,确定可用资源。

(3)分析组件之间的相互关系,重点分析出技术系统中存在的不足、有害等作用等,建立技术系统的组件模型。

(4)从技术系统组件模型中,抓住主要矛盾,抽取出不足、有害作用等功能,建立物场模型。

(5)按照物场模型类型,选择相应的标准解,按照标准解启发,依据下述原则寻找合适的方案;对于不完整的物场模型,采用建立物场模型标准解;对于不足作用物场模型,采用增强物场模型,向超系统或微观级系统跃迁标准解;对于有害作用物场模型,采用破坏物场模型标准解;对于检测与测量问题,采用检测与测量标准解。

(6)根据已经获得的问题解决方案,按照应用标准解的标准,检查物质或场的引入是否符合要求。

6.3.2 应用案例

1. 问题描述

某企业在加工图 6.23 所示的零件时,由于零件壁非常薄,极容易发生变形,导致加工结果为废品。由于中空零件在加工过程中高速旋转,增加支撑非常困难,加工人员想了很多办法,都没有很好地解决该问题。

2. 分析问题,建立物场模型,选择标准解法

针对上述问题,经过技术小组深入讨论,首先通过组件分析,对上述问题所涉及的技术系统进行了组件分析,得到了图 6.24 所示的组件模型。

模型中的刀架和床身为超系统组件,薄壁工件——零件为系统作用对象。发生变形导致废品是刀具对零件产生了挤压有害作用。如图 6.25 所示为根据组件模型得到的问题的物场模型,以及结合物场模型的类型选取的相应标准解。

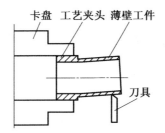

图 6.23 薄壁零件加工变形问题

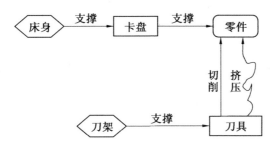

图 6.24 薄壁零件加工变形问题的组件模型

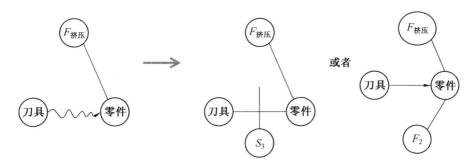

图 6.25 问题的物场模型及标准解

3. 问题求解

解法一:将刀具的变形作为新引入的 S_3,可以采用更宽的刀具,将刀具与工件的点接触转变为线接触,从而改善受力状况,解决问题。

解法二:利用工件的变形作为新引入的 S_3,可以在实心的情况下加工外圆,最后再钻孔。

解法三:引入廉价、易获得的物质作为 S_3,可以考虑在工件的孔内填充水、沙子或者现场产生的切屑,甚至高压空气,从而避免加工变形。

解法四:引入第二个场,可以考虑在刀架上设置磁铁,在刀具挤压工件的时候,通过磁铁的吸引产生反向力,从而避免加工变形。

6.3.3 物场分析法小结

物场反应了技术系统的结构属性,相比于矛盾模型,具有短兵利器,简洁明快的鲜明特点。

应用物场分析法促使我们去正确地描述产品或者技术系统的构成要素以及构成要素之间的相互联系,从而使技术人员能正确地理解系统问题的所在。标准解法可以及时正确地运用先进技术和快速满足市场要求,为技术创新的具体实践提供具体、有效的方法。

第7章 系统裁剪

7.1 系统裁剪的概念

广义的系统裁剪是一种系统优化方法,比如操作系统的裁剪,浅层次的裁剪优化仅仅是去除不必要的安装包,深层次的裁剪则是针对系统本身的同质化进行的对整个编译系统和框架层的裁剪。

TRIZ中的系统裁剪是一种狭义的概念,同样致力于系统优化,但特别指将系统中的某个组件去除,而将其有用功能保留,在剩余的系统或超系统组件间重新进行分配。系统裁剪的作用是通过裁剪,将技术系统中存在的不足的、过度的和有害的作用去除,从而实现提升系统性能,降低系统成本,促使系统向更高的理想度进化的目标。这种裁剪通常需要建立在组件分析的基础上。

此外,借助广义的系统裁剪概念,以提升系统性能,降低成本,提高系统理想度为目标,针对系统基本功能组件外的任意组件进行裁剪尝试,进而获得新功能,或者获得更加紧凑、实用的新系统,是裁剪的另一种重要形式。

总之,系统裁剪是优化系统,提高系统理想度的重要工具。根据被裁剪对象确定方式的不同,系统裁剪可以分为四类。第一类系统裁剪的目标为去除技术系统中存在的不足、过度或者有害作用;第二类系统裁剪的目标为去除技术系统中价值较低的组件,从而提升产品性能;第三类系统裁剪的目标为通过去除某些组件实现专利规避;第四类系统裁剪是一种几乎不受限制的裁剪方法,使用者可以根据实际需要对基本功能组件以外的任意组件进行裁剪尝试,以优化系统或者实现新功能。所谓的基本功能组件,是指该组件执行的是技术系统的目的功能,该功能是产品或技术系统得以存在的标志,比如冰箱中的制冷组件。四类裁剪方法中,前三种方法都是以功能分析为基础,受到相对严格限制的裁剪方法,被裁剪对象被限定为技术系统的问题组件、低价值组件或者专利中的关键组件;而第四类裁剪相对比较自由,使用者可以选择任意组件作为裁剪对象,而不必借助组件分析。

7.2 第一类系统裁剪

7.2.1 确定裁剪对象

如前文所述,首先对技术系统进行功能分析,建立系统功能模型。从功能模型中选取存在有害作用的组件,作为首选裁剪对象;其次,根据组件在技术系统中的重要程度,选择存在过度、不足功能的组件,作为后续裁剪对象。裁剪对象与裁剪次数没有限制,以达到使用者基本要求为准。当然,对复杂工程系统来说,实施多个对象、多次的裁剪,操作者可以得到更多的解题方案。

7.2.2 选择裁剪规则

根据对被裁剪组件功能作用对象的处理方式,以及被裁剪组件功能分配方式的不同,裁剪规则可以划分为四种,分别是规则 A、规则 B、规则 C 和规则 D。

规则 A 是指,当需要对一个技术系统中的某个组件实施裁剪时,首先研究该被裁剪组件的功能作用对象是否可以被移除,如果可以,那么我们就可以实现对该组件的裁剪,比如早期自行车上安装的篮筐支架,其功能作用对象为篮筐,如果篮筐能够被移除,就可以实施对该支架的裁剪操作。其示意图如图7.1所示。

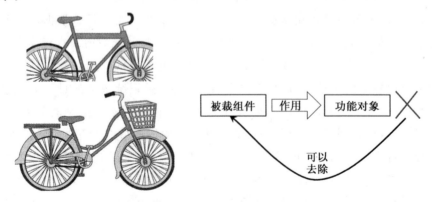

图 7.1 执行规则 A 裁剪示意图

其次,在对技术系统中某个组件执行裁剪操作时,可以尝试将该组件的有用功能分配给功能作用对象,如果能够实现这种分配,就可以对组件实施裁剪,这种裁剪规则就是规则 B。比如当我们想裁剪掉椅子腿时，由于椅子腿的作用是支撑椅子面，那么，就要思考椅子面能够实现自我支撑吗？如果能，就可以将椅子腿的支撑作用分配给椅子面，从而完成对椅子腿的裁剪操作。其示意图如图 7.2 所示。

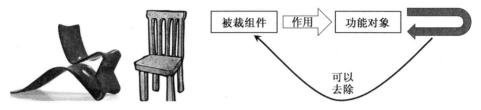

图 7.2　执行规则 B 裁剪示意图

当执行规则 A 和规则 B 都失效时，可以尝试将被裁剪组件的功能向技术系统组件分配，如果分配成功，就可以按照规则 C 进行裁剪操作。比如传统的洗衣机有两个筒，一个用于洗涤衣物，另一个用于甩干衣物，在增加洗涤衣物筒转速的情况下，就可以替代甩干筒的功能，因此，可以执行对甩干筒的裁剪，于是诞生了单筒洗衣机。由于甩干筒属于技术系统组件，因此该裁剪执行的是规则 C。

将某个组件裁剪后，如果将该组件所具有的有用功能重新分配，转由超系统组件执行，此时所执行的裁剪规则为规则 D。比如教室里面的桌椅，如果设置过多支撑腿，将影响通行和人腿的放置，因此，通过执行裁剪规则 D，将桌椅的支撑腿部分或全部裁剪，被裁剪的桌子腿功能由其超系统椅子的支撑腿执行，同样，A 椅子被裁剪掉的腿的支撑功能可以借助超系统 B 椅子的腿实现。按规则 C 和规则 D 执行的裁剪如图 7.3 所示。

在应用上述四种裁剪规则时，是有优先级的。使用者应首先尝试对系统执行规则 A 的裁剪，如果不成功，接下来依次选择规则 B、规则 C、规则 D 执行裁剪操作。四种裁剪规则优先级顺序如图 7.4 所示。

在解决某些比较复杂的工程问题时，建议使用者采用多个规则执行裁剪，可以获得多个解决方案，增加最终解题方案的选择余地，从而增加绕过技术系统约束的可能性，获得满意的结果。

此外，在执行裁剪规则 C 或者规则 D 后，需要选择技术系统或者超系统的组件，以实现被裁剪组件的有用作用的重新分配。在实际操作中，建议按照以下原则作为组件选择参考。

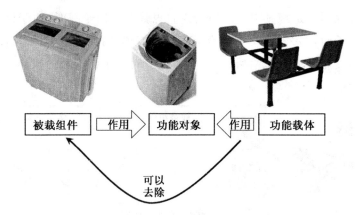

图 7.3 执行 C、D 规则裁剪示意图

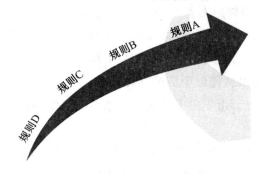

图 7.4 裁剪规则的优先级顺序

(1)以被裁剪组件的作用对象为参考,考虑选择那些对该作用对象执行了相同的或类似作用的组件。

(2)以被裁剪组件对其作用对象执行的有用作用为参考,尝试选择那些对系统中其他组件执行了相同或相似作用的组件。

(3)若找不到满足(1)、(2)中要求的组件,则选择那些对作用对象执行了任一功能,甚至是仅仅有简单接触的组件。

(4)尝试选择那些拥有执行被裁剪组件功能所需要必要资源的组件。

7.2.3 裁剪操作步骤

系统裁剪是提升性能、优化应用的有效途径,初学者可以按照以下步骤进行裁剪操作。

(1)根据问题,将有关技术系统分离出来,通过功能分析建立功能模型。

(2)从功能模型中发现问题,抓住主要矛盾,确定被裁剪组件。

(3)选取合适的裁剪规则,执行组件裁剪。

(4)明确裁剪产生的问题,提出解决方案;如果执行了规则C或者规则D,按照前文提供的原则选择替代被裁剪组件的功能载体。

(5)重复上述过程,直至取得预期的结果。

7.2.4 裁剪例子

1. 问题的提出

如图7.5所示为某公司生产的海运制冷机组中使用到一款立式的圆柱形干燥器罐体,上下两端接管路。在海运运输中,整个机组将经受持续强烈的振动,很容易导致干燥器上下两端连接管路的损坏,因此,系统中设计了不锈钢卡夹对干燥器进行固定,但振动的卡夹很容易将干燥器表面的喷漆刮伤,导致干燥器在恶劣的海运环境中被腐蚀,进而影响整个机组的运行情况。

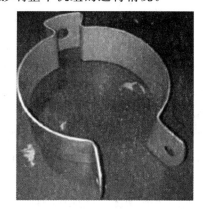

图7.5 立式干燥器

2. 基于功能分析确定裁剪对象

根据技术系统特点,通过功能分析,建立如图7.6所示的问题功能模型。从该功能模型可以看出,技术系统中存在两个由环境中的超系统组件——空气产生的有害作用,一个由技术系统组件——卡夹导致的有害作用。根据第一类系统裁剪的特点,产生有害作用的两个组件——空气和卡夹都可以确定为被裁剪对象,但显然将空气确定为裁剪对象解题成本偏高。因此,确定卡夹作为裁剪对象。

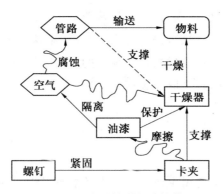

图 7.6 立式干燥器的功能模型

3. 选择裁剪规则，寻找解题方案

裁剪规则 A 是通过移除被裁剪组件的功能作用对象实现的，在本问题中，卡夹的作用对象为干燥器，干燥器是实现技术系统功能的基本组件，体现了技术系统的本质特征，显然，规则 A 在这里不适合。

卡夹对干燥器的作用为支撑，通过支撑保证干燥器在振动时能够保持稳定。如果干燥器自身能够完成上述支撑功能，那么，对本问题就可以执行裁剪规则 B。深入分析问题可以知道，由于干燥器与上下管路之间为刚性连接，过于剧烈的振动将导致二者之间开裂泄露。为此，一方面将干燥器之间的连接修改为弹性连接，另一方面将干燥器结构进行分体改造，并通过设计为其上部结构增加质量阻尼器功能，从而可以稳定干燥器，大大降低其振动幅度，同时可以保护与上下管路之间的连接不致被破坏，从而达到干燥器的自我支撑目的，实现对卡夹的裁剪，组件模型中的有害作用随之被消除。

由于解决本问题时，所选技术系统的组件不多，可用资源较少，因此裁剪规则 C 实现起来比较困难。但执行规则 D 则会有较多的选择余地，比如可以将管路进行改造，替代卡夹支撑干燥器，从而实现裁剪；或者通过设计新的卡夹替代产生问题的卡夹实现对干燥器的支撑，会产生更多的解决方案，此处留给读者自行思考。

7.3 第二类系统裁剪

7.3.1 确定裁剪对象

1. 确定功能价值

(1) 第一种方法。

按照功能作用对象的不同,将功能分为基本功能、附加功能和辅助功能三种。基本功能的作用对象为技术系统的系统目标组件,附加功能的作用对象为除了系统目标组件之外的其他超系统组件,辅助功能的作用对象为技术系统组件。

确定功能价值时,按照基本功能3分,附加功能2分,辅助功能1分进行功能分值设定。然后根据公式

$$功能价值 = \frac{功能值}{功能成本}$$

计算每个功能的价值。

(2) 第二种方法。

如表7.1所示,将各组件的功能根据具体问题分析后,由专家或者设计者按照10分制给出不同项目的分值。然后按照公式(7.1),计算各个组件的功能价值。

$$功能价值 = \frac{\dfrac{有益功能}{有益功能合计}}{\dfrac{有害功能}{有害功能合计} + \dfrac{成本}{成本合计}} \tag{7.1}$$

表 7.1 组件功能的 10 分制打分结果

组件名称	有益功能	有害功能	成本	功能价值
工作台面	9	1	8	0.618859
冲击头	7	6	3	0.36555
活塞	8	5	5	0.405238
缸体	8	2	8	0.471207
密封圈	5	1	2	0.915448
⋮	⋮	⋮	⋮	⋮
缓冲垫	2	2	1	0.313328
合计	56	23	37	

2. 选择裁剪对象

根据前述两种确定功能价值的任意一种方法,逐一计算各个组件的功能价值。然后依据图 7.7(图中横坐标为成本,纵坐标为功能值)所示的原则,选取价值较低的组件作为裁剪对象。

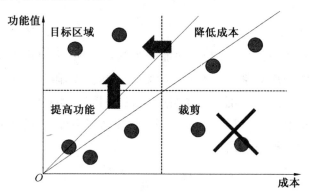

图 7.7 第二类系统裁剪的被裁对象选择原则

7.3.2 裁剪例子

1. 问题

某企业对一款摩托车的设计不是很满意,想进一步提升其性价比。

2. 分析确定裁剪对象

根据技术系统特点,首先针对拟改进设计的摩托车进行组件分析,获得如图 7.8 所示的组件模型。

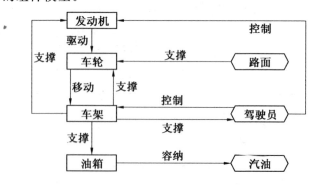

图 7.8 一款摩托车的组件模型

由图 7.8 中的组件模型,根据前述第一种确定功能价值的方法,得到功能价值最低的组件是油箱(计算过程简单,故此处略),因此确定组件油箱为被裁剪对象。

3. 选择裁剪规则,寻找解题方案

就裁剪规则来说,与第一类基本一致,四种裁剪规则都可以选用。对于本例中的问题,执行裁剪规则 A 需要尝试移除超系统组件——汽油,虽然不使用汽油的电摩托车或者使用其他类型能源的摩托车方案存在,但是这些方案超出了本例的范围,规则 A 在这里不适用。同样,裁剪规则 B 需要汽油实现自我容纳,即便存在解决方案,却偏离了摩托车的改造目标,同样不适用。

一般来说,第二类系统裁剪偏向于适用规则 C,通过裁剪组件,将其有用功能向技术系统内部剩余组件分配,可以获得更接近问题需求的解。按照规则 C,结合前文新功能载体选择原则,显然车架是一个较好的选择。通过将单独的油箱裁剪去除,将车架设计改造为具有油箱功能的组件,从而可以节约生产装配环节,达到提升系统性能的目的。

7.4 第三类系统裁剪

7.4.1 确定裁剪对象

第三类系统裁剪是为了实施专利规避,通过去除某些关键组件以改进技术方案,实现与现有专利的保护范围不同的新技术,从而帮助企业实现合理避开竞争对手的阻碍的目标。因此,该类系统裁剪依据专利权利要求书,通过组件分析,识别出关键保护组件(关键组件)及其功能,然后将关键组件作为裁剪对象。一般来讲,被裁剪对象往往处于关键的独立声明部分。

7.4.2 裁剪例子

1. 问题

炼钢时,需要向炼钢炉吹入氩气搅动钢水以去除杂质。但氩气的搅动导致热量通过炉子的四壁和底部流失,使得钢水温度下降,降低炼钢效率。某炼钢企业为解决这一问题,在炼钢炉外面增加了一层真空保温层,如图 7.9 所示。

新炉子虽然很好地解决了热量流失问题,但却带来了新的问题,一个冶炼过程结束后,由于保温层作用,通常需要散热几天的时间,才能够使炉子内部降到预期的温度,极大地降低了炉子的利用率。

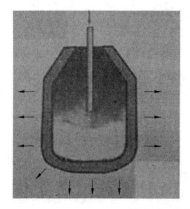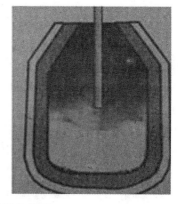

图 7.9　炼钢炉散热问题

2. 分析确定裁剪对象

在改进炼钢炉的过程中,企业发现一款能够很好地解决上述问题的炉子,图 7.10 为其工作原理示意图。该款炉子属于发明产品,受到专利的保护。该炉子的核心是真空层的调控,在需要保温时产生,而在降温阶段可以方便地将其去除。该技术的关键是抽真空泵,该款炉子的功能模型如图 7.11 所示。

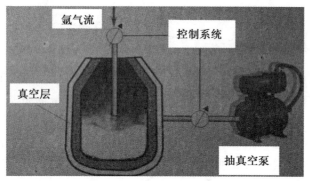

图 7.10　炼钢炉专利产品工作原理示意图

根据上述分析,确定真空泵为裁剪对象。

3. 寻找解题方案

按照上述分析,如果选择裁剪规则 A,那么需要去除真空泵的作用对象空气,我们发现最终方案回到了起点。裁剪规则 B 需要空气实现对自身的抽出功能,但动力源的寻找非常困难,导致方案难以实现。而执行裁剪规则 C,通过对系统资源进行分析,发现可以利用文丘里管效应,通过氩气流输送时管路的适当修改,提供抽出空气的动力,完成真空泵功能,从而获得如图 7.12 所示的解题方案。

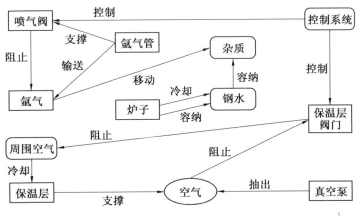

图 7.11 新型炼钢炉的功能模型

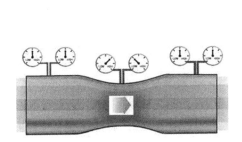

图 7.12 规避专利后的新型炼钢炉原理示意图

通过裁剪关键的组件——真空泵,很好地实现了专利规避。而且,可以获得的方案不止图 7.12 所示的一种,有兴趣的朋友可以尝试结合自己的行业知识进行思考,去获得更多的解决方案。

7.5 第四类系统裁剪

7.5.1 确定裁剪对象

本类系统裁剪在裁剪对象选择上,具有更大的自由度,除了技术系统中完成标志性基本功能的组件外,其他任意组件都可以作为裁剪对象进行尝试。如果使用得当,本类系统裁剪很容易开拓思路,为新产品设计锦上添花。

7.5.2 一些例子

1. 自行车轮的裁剪

图 7.13 中给出了部分自行车轮子被裁剪的例子。自行车的两个轮子都可以被裁剪掉,此时自行车转变为健身器材;也可以尝试裁剪掉一个轮子,经过简单改造,转变成能够享受雪地上骑行快乐的滑雪自行车。

图 7.13　自行车轮子被裁剪

2. 自行车座的裁剪

图 7.14 中,自行车的座椅被裁剪掉后,既可以是站立踩踏式的新型自行车,也可以是通过助跑实现娱乐性健身的新型自行车。

图 7.14　裁剪掉座椅的自行车

第8章 基于因果分析的方法综合应用

8.1 案例一

8.1.1 问题描述

1. 系统工作原理

如图 8.1 所示为泵系统结构原理示意图,技术系统的基本功能是运送矿浆,依靠活塞的往复运动提供动力,借助液压油对矿浆的挤压实现。当活塞向左运动时,液压油腔室变大,液压油压力变低,此时,关闭排出阀并开启吸入阀,将具有一定压力的矿浆吸入矿浆腔。当活塞向右运动时,推动液压油,液压油再推动隔膜,此时,关闭吸入阀并开启排出阀,隔膜推动矿浆,从排出阀流出。

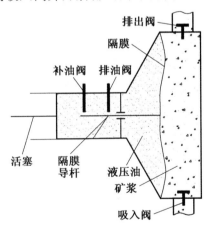

图 8.1 泵系统结构原理示意图

限制隔膜必须在设计位置来回运动,这是保证其工作寿命的关键。只有液压油量始终保持在一定的量,才能满足隔膜围绕设计位置合理往复运动的要求。为此,设计了由与隔膜连接保持随动的隔膜导杆、补油阀和排油阀组成的补排油系统。液压油偏少时,隔膜将会向左侧偏离设计位置,带动隔膜导杆将补油阀打开,补入液压油;类似的,液压油偏多时,隔膜向右侧偏离设计位置,带动隔膜导杆将排油阀打开,排出多余的液压油。

2. 存在的问题

实际工作中,一方面存在着长期工作导致的液压油温度的变化、液压油不清洁等因素,另一方面补排油系统采用的是机械式结构,而且是通过隔膜导杆与油阀的瞬间完成对阀门的控制,因此,可靠性较差,很难保证补排油的及时完成,导致隔膜经常性被破坏,不能达到设计寿命要求。

8.1.2 分析问题

在分析复杂工程问题时,既可以将整个系统作为目标技术系统,也可以从系统中截取必要的片段作为目标技术系统。选择合适的目标技术系统,界定技术变动范围,有利于暂时摒弃无关紧要的细枝末节,正确聚焦核心问题,帮助我们去发现真正的问题所在,取得突破。就本案例来说,问题发生于补排油系统,所以可以将补排油子系统独立出来,作为目标技术系统;也可以将整个系统作为目标技术系统。

根据上述泵系统的特征,可以发现补排油系统只是完成其基本功能的辅助功能,该系统从某种意义上来说是可有可无的,如果整体系统改进得好,存在着将该辅助功能取消的可能。因此,本案例选取系统整体作为目标技术系统,首先进行因果分析,结果如图8.2所示。

根据图8.2的分析结果,可以初步拟定如下解题方向,形成意向性方案。

(1)设计散热组件,提高系统散热能力,将热造成的有害作用消除。

(2)设计限位组件,阻止隔膜产生过度拉伸。

(3)改进阀门结构或工作原理,解决阀门卡住的问题。

(4)改进隔膜芯,消除其变形。

(5)去除油中的杂质。

(6)改善密封条件,改善或消除漏油现象。

最终,根据企业生产实际情况,结合系统现有资源,经过充分讨论和验证,形成两种解题方案。

方案一:在活塞上设置风扇,随着活塞的运动,将容油区箱壁吹冷,从而降低油温。

方案二:在隔膜两侧设置具有一定弹性的网状限位组件,限制隔膜产生更大的过度位移。

第8章 基于因果分析的方法综合应用

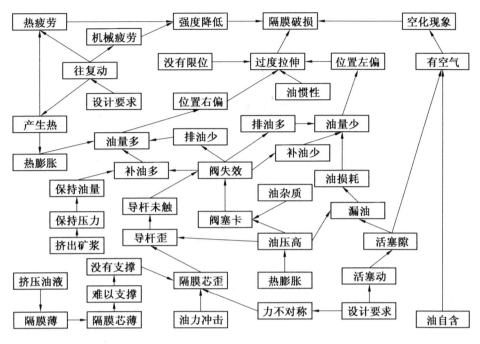

图 8.2 泵的因果分析示意图

8.1.3 发现技术矛盾

1. 第一个技术矛盾

(1)确定及解决技术矛盾的一般步骤(图 8.3)。

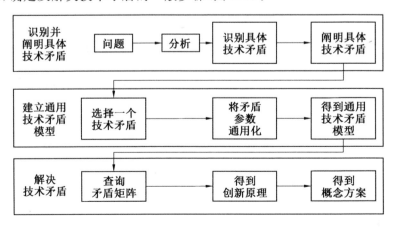

图 8.3 确定及解决技术矛盾的一般步骤

(2)识别与阐明具体技术矛盾。

根据图 8.2 的分析结果,由隔膜破损的原因之一——强度降低这个链条出发,识别出具体的技术矛盾为挤压油液导致隔膜强度降低,通过表 8.1 对具体矛盾进行阐述。

表 8.1 识别出具体的技术矛盾并进行阐述

关于活塞运动的具体技术矛盾			
具体技术矛盾 1		具体技术矛盾 2	
如果	活塞往复运动	如果	活塞保持位置
那么	可以挤压油液提供动力	那么	隔膜强度不会受到影响
但是	导致隔膜强度降低	但是	导致无法挤压油液

(3)转换为通用技术矛盾并解决技术矛盾。

选择与问题紧密相关的具体技术矛盾 1,查询 39 个通用技术参数,将具体技术矛盾的参数通用化,获得通用技术矛盾模型,并查询矛盾矩阵,获得问题的方案模型,结果如表 8.2 所示。

表 8.2 技术矛盾 1 通用模型及方案模型

具体技术矛盾 1		通用技术矛盾	
如果	活塞往复运动		
那么	可以挤压油液提供动力	改善通用参数	力
但是	导致隔膜强度降低	恶化通用参数	强度
查矛盾矩阵,得到创新原理		10 预先作用原理 14 曲面化原理 27 廉价替代品原理 35 物理或化学参数改变原理	

根据表 8.2 得到的方案结果启发,可以采用预先作用原理、廉价替代品原理和物理化学参数改变原理,得到下述解决方案:

方案三:在隔膜上事先增加一廉价材料制作层,通过该层将一定压力的油膜事先存储在隔膜表面,从而缓解油液往复运动对隔膜造成的反复冲击。

2. 第二个技术矛盾

根据图 8.2 因果链分析结果,从空化现象链条出发,采用与第一个技术矛盾同样的步骤,得到表 8.3 所示结果。

表 8.3 技术矛盾 2 通用模型及方案模型

	具体技术矛盾 1	通用技术矛盾	
如果	活塞往复运动		
那么	可以挤压油液提供动力	改善通用参数	力
但是	导致气泡出现,产生空化现象	恶化通用参数	作用于物体的有害因素
查矛盾矩阵,得到创新原理		1 分割原理 18 机械振动原理 35 物理或化学参数改变原理 40 复合材料原理	

根据表 8.3 得到的方案模型,可以得到下述解题方案:

方案四:在隔膜表面涂覆一层材料,并分割为网状结构,从而吸附一层油液于其表面,达到改变隔膜表面油液密度,隔离气泡的作用,从而改善空化现象对隔膜的破坏。

3. 第三个技术矛盾

同样,根据图 8.2 因果链分析图中过度拉伸这个链条出发,我们可以发现为了保持油量,从而不断补充油液,最终导致了隔膜过度拉伸这个技术矛盾,采用前文所述技术矛盾处理步骤,得到表 8.4 所示结果。

表 8.4 技术矛盾 3 通用模型及方案模型

	具体技术矛盾 1	通用技术矛盾	
如果	不断补充油液		
那么	可以保持油液量充足	改善通用参数	物质的量
但是	导致隔膜被油液挤压过度拉伸	恶化通用参数	运动物体的长度
查矛盾矩阵,得到创新原理		14 曲面化原理 18 机械振动原理 29 气压和液压结构原理 35 物理或化学参数改变原理	

根据表 8.4 结果,运用曲面化原理和气压液压结构原理,可以得到解题方案:

方案五：在隔膜表面或者附近设置填充一定压力气体的填充球，将液压油或矿浆产生的过度推力消耗掉，从而消除隔膜的过度伸长量。

此外，从图 8.2 中因果分析链条中，还可以发现更多的技术矛盾，获得更多更好的解题方案，读者可以作为练习，自行独立思考完成。

8.1.4　发现物理矛盾

1. 第一个物理矛盾

图 8.2 中，阀塞被卡住（阀塞卡）是导致补排油系统失效，最终导致隔膜过度拉伸的原因之一，而引起阀塞被卡住的原因之一是工作液压油中含有杂质。如果将液压油的处理作为参数，我们发现，为了防止卡住阀塞，需要对其进行过滤以清除杂质；同时，又不能对其进行过滤，因为这样做不仅实现起来困难（因为一部分杂质是在工作过程中产生的），而且会增加系统复杂性，导致成本增加。于是得到了下面的物理矛盾。

参数：液压油的处理

要求 1：必须过滤以防止阀塞被卡住。

要求 2：不能过滤以降低系统技术难度，进而降低成本。

针对该物理矛盾运用分离方法，首先思考时间上是否能够分离。从整个工作过程来看，阀塞与液压油的接触时间与技术系统工作时间有交叉。空间分离可行吗？对于技术系统来说，哪里的液压油需要过滤，哪里的液压油不需要过滤？很明显，只要将阀塞周围的液压油进行过滤即可，因而能够实现空间分离。最终按照空间分离方法，获得解题方案六：在阀塞周围设置小型过滤网罩，防止杂质进入阀塞所在区域，从而以较小的成本和代价实现预期功能，而不需要对整个液压油进行过滤。

2. 第二个物理矛盾

图 8.2 因果分析中，阀门失效是引起补排油系统失灵，从而引起隔膜过度拉伸的又一个原因。阀门之所以失效，则是由于隔膜芯比较薄，不能够很好地对隔膜导杆起支撑作用，造成隔膜导杆歪偏而没有触发阀门塞。从支撑隔膜导杆的功能，要求增加隔膜芯厚度，从而增大对隔膜导杆的分布支撑面；而从隔膜芯工作角度，则要求隔膜芯厚度小一些。由此，得到了如下的物理矛盾。

参数：隔膜芯厚度

要求1：必须做得大一点，以满足支撑隔膜导杆的需要。
要求2：必须做得小一点，以满足工作需要。

针对这个物理矛盾，经过分析，可以采用四种分离方法中的条件分离方法，获得解题方案七：借助油箱箱壁，配合隔膜芯有条件增加隔膜导杆的有效分布支撑面，从而解决导杆歪斜引起的阀门失效问题。

8.2 案例二

8.2.1 问题描述

1. 系统工作原理

如图8.4所示为一种配气机构润滑系统的气缸盖润滑油回油子系统原理示意图，技术系统的基本功能是导流润滑油，使润滑油按照箭头所示导流管道回流至储油组件。

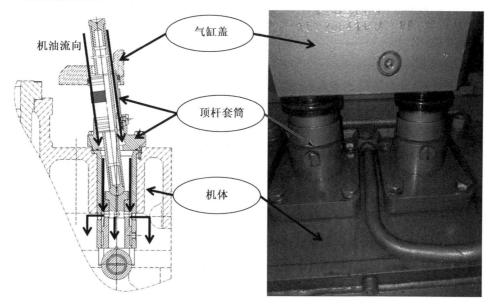

图8.4 气缸盖回油子系统原理示意图

2. 存在的问题

实际工作中，顶杆套筒缝隙处密封困难，发生漏油现象。通过增加密封圈压缩量的方式提高密封性能,导致密封圈寿命非常短,达不到使用要求,更换频率极高,严重影响使用。

8.2.2 分析问题

本案例的问题同样是发生于整体系统的子系统部分,但不同于案例一,其子系统是构成整体系统的关键部分,具有无可取代的特征。因此,直接选取气缸盖回油子系统作为目标技术系统,便于聚焦关键问题。如图8.5所示为对选取技术系统因果分析的结果。

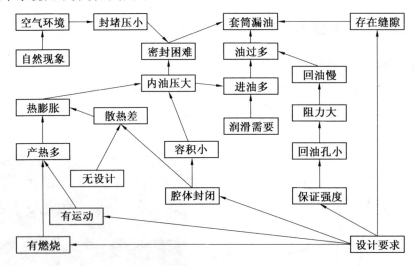

图8.5 气缸盖回油技术系统的因果分析

根据图8.5分析结果,可以初步拟定如下解题方向,形成意向性方案。

(1)提高系统散热能力,消除温度升高导致的油压增高问题。

(2)采取措施,提高密封封堵压力,使其大于或等于油压,从而降低密封难度。

最终,根据企业生产实际情况,结合系统现有资源,经过充分讨论和验证,形成解题方案一:在气缸盖回油管道,尤其是密封圈周围设置冷却装置,增加散热能力。

8.2.3 发现物理矛盾

1. 第一个物理矛盾

根据图8.5的分析结果,由封堵压小分支出发,存在针对参数封堵压力的

物理矛盾,一方面要求封堵压力大,能够将内部油液密封住不致泄漏,另一方面外界环境引起的封堵压力小。建立如下物理矛盾模型:

参数:封堵压力

要求1:大,封堵油液不泄漏。

要求2:小,外部环境是空气,压力小属于客观现象。

此外,还可以由存在缝隙分支出发,分析得出关于参数连接位置的物理矛盾,既要存在由于零件连接而存在的缝隙,又必须消除缝隙,满足密封要求。物理矛盾模型如下:

参数:缝隙

要求1:必须存在,以实现零件之间的连接。

要求2:必须不能够存在,以防止润滑油泄漏。

结合上述两个物理矛盾,采用条件分离方法,获得解题方案二:改进连接处结构,使用包扣对接方式,使缝隙深入至对接零件内部,同时由于配合部的延长,有条件地增加了封堵压力。

2. 第二个物理矛盾

根据图 8.5 因果链条上油过多的回油慢分支,设定参数回油孔直径,得到如下所示物理矛盾:

参数:回油孔直径

要求1:大,可以顺利回油,减小油液压力,缓解或消除泄露。

要求2:小,保证开孔件强度,提高使用寿命,降低成本。

分析所建立的物理矛盾模型,采用空间分离方法,提出问题:开孔直径是否可以增大?如果当前的孔不能够增大,那么可以借助超系统获得大直径的孔吗?由此思路遂得以开阔拓展,最终采用系统分离方法,顺利获得解题方案三:改进设计结构,借助超系统,设置多个孔,从而解决回油慢问题。

8.3 案例三

8.3.1 问题描述

1. 系统工作原理

如图 8.6 所示为太阳能接线盒系统,其基本功能为阻止异物,包括接线盒周围的灰尘和水汽等的进入,从而对内部的组件起保护作用。接线盒通过硅胶与组件的背板粘在一起,组件内的引出线通过接线盒内的内部线路连接在一起,内部线路与外部线缆连接在一起使组件与外部线缆导通。接线盒内设有二极管,保证组件在被挡光时能正常工作。

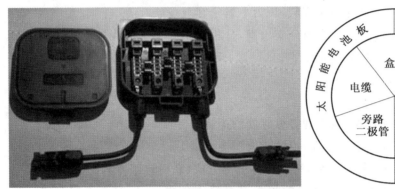

图 8.6　太阳能接线盒系统原理示意图

2. 存在的问题

接线盒内部空间狭小,加之在工作过程中存在发热现象,不便于维修,且经常出现爆盒现象,严重影响了接线盒的使用寿命。

8.3.2　分析问题

根据系统特点,结合所发生的问题,将接线盒整体作为目标技术系统进行因果分析,获得如图 8.7 所示因果链模型。

根据图 8.7 分析结果,可以初步拟定如下解题方向,形成意向性方案。

(1)修改上下盒体的连接方式,并增加隔离工作环境组件,防止腐蚀生锈。

(2)改变盒体材料或结构,使其能够跟随气体膨胀时,适当增加容积,从而降低爆盒压力。

最终,根据企业生产实际情况,结合系统现有资源,经过充分讨论和验证,形成以下解题方案。

方案一:将上下盒体的连接方式由螺钉连接修改为卡扣式连接,卡扣暴露在工作环境中的部分涂漆,以隔离环境,防止腐蚀生锈。

方案二:将盒体修改为褶皱结构,增加弹性,使其能够在气体膨胀时,适当增加膨胀量,从而降低爆盒压力。

第8章 基于因果分析的方法综合应用

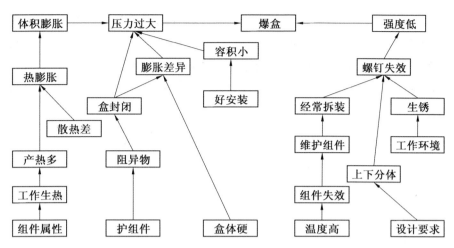

图 8.7 太阳能接线盒因果分析结果

8.3.3 发现物理矛盾

1. 第一个物理矛盾

根据图 8.7 的因果分析结果,可以得到两个物理矛盾,其中一个物理矛盾是关于盒体结构的,其模型如下:

参数:盒体结构

要求 1:分体结构,以方便拆卸、维护盒内组件。

要求 2:整体结构,以增加强度,避免拆卸导致的连接件强度降低。

针对该物理矛盾,运用空间分离方法,提出问题:盒体的哪里需要封闭?哪里需要是整体结构?结合具体问题和可以利用的资源,最终获得解题方案三:需要维护的组件也是发热组件,将该组件置于盒子之外,既可以保证接线盒功能的实现,也很好地避免了爆盒现象的出现。

2. 第二个物理矛盾

另一个物理矛盾是关于盒体封闭的,其模型如下:

参数:盒体封闭

要求 1:必须封闭,避免外部灰尘和水汽对盒内组件的影响。

要求 2:必须开放,避免压力过高导致的爆盒现象。

很多朋友可能会根据该物理矛盾,利用空间分离方法,甚至根据因果分析结果提出在盒体上开孔,以降低膨胀压力的解题方案。但该问题还存在一个二级问题：如何避免灰尘和水汽？因此，空间分离方法不适合这个物理矛盾，虽然如此，还是为我们提供了一些思路。最终，经过斟酌，运用条件分离方法获得解题方案四：仍然在盒体上开孔，但利用具有良好弹性的薄膜将开孔封闭，弹性薄膜可以将盒体内产生的压力释放掉，同时保持盒体内组件不受周围灰尘或者水汽的侵蚀。

第 9 章 基于功能分析的方法综合应用

9.1 案例一

9.1.1 问题描述

1. 系统工作原理

如图 9.1 所示为高压熔断器结构原理示意图。高压熔断器是保护电压互感器的关键电力部件,为保证输变线路正常工作,更换频率要求非常高。由图 9.1 可见,在更换熔断器操作过程中,需要首先打开端盖,然后取出失效的熔断器并放入新的熔断器。由于高压熔断器套管内弹簧弹性系数非常大,强大的弹簧弹力会将端盖顶离套管口。为此,作业过程中,需要至少两个人配合施工,一人用力按住端盖保持与套管口吻合,以便于另一人拆卸端盖。

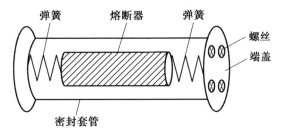

图 9.1 高压熔断器的结构原理示意图

2. 存在的问题

上述作业过程存在的问题有:劳动强度高,至少需要两人完成;工作效率低,通常更换一次用时一个多小时;高空作业,操作风险大。

9.1.2 分析问题

根据图 9.1 所示,结合技术系统工作原理,对其进行功能分析。在这个问题中,结合技术系统存在的问题,选取端盖作为特殊的超系统组件——系统目标。系统组件有弹簧、熔断器、套管、螺丝等。此外,选择与系统紧密关联的超系统组件,本问题中选取了人、空气(取套管内封闭的一部分)、水汽、灰尘、环境(风或者其他因素引起的振动)等作为超系统组件。所选取的组件及分类情况见表9.1。

表 9.1 组件列表

类别	组件
系统目标	端盖
系统组件	弹簧、熔断器、套管、螺丝
超系统组件	人、空气、水汽、灰尘、环境

根据表9.1所选取的组件,一一分析其相互作用,并深入挖掘有害、过度、不足作用后,得到如图9.2所示的组件模型图。

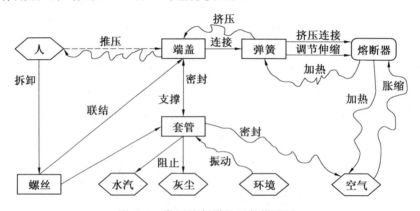

图 9.2 高压熔断器的组件模型图

9.1.3 物场解题

1. 解决人与端盖之间的问题

图9.2中,人与端盖之间存在着人对端盖的不足作用,以及端盖对人的有害作用,分别建立其物场模型,如图9.3所示。

人对端盖推压不足作用物场模型,推荐标准解其一为增加 S_3,形成链式物场模型,首先人作用在 S_3 上,再由 S_3 作用于端盖上,从而减轻推力,增加人的推压作用。由此,可以得到解题方案一:设计一种装置,能够事先固定于套管上,利用杠杆原理,由手推动该装置产生对端盖的推力。

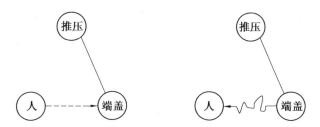

图 9.3 人与端盖之间相互作用的物场模型

人对端盖推压不足作用物场模型,推荐标准解其二为增加一种场 F,形成双物场模型,从而增强人对端盖的推压作用。由此启示,得到解题方案二:设计磁力装置于靠近端盖套管处,该磁力装置在更换端盖时产生磁场,对端盖辅助以磁场力,从而增加人的推压作用。

由端盖对人产生的有害推压作用,根据标准解启示,可以通过增加 S_3 破坏物场模型,从而消除有害作用。由此标准解出发,得到解题方案三:以端盖变形方式添加 S_3,通过修改端盖结构,采用卡口或者螺口与套管配合,并利用弹性绳连接保证端盖拆卸时不致脱落,从而节约人力,消除其有害作用。

方案四:修改端盖结构,将弹簧与端盖事先连接为一体,且将弹簧预先压缩消除阻力,待安装到位后释放,从而可以省略人的推压,从而消除有害作用。

2. 解决套管对空气密封的问题

套管对空气的密封是有害作用,主要是导致热量聚焦,一方面使得熔断器、弹簧出现热胀冷缩现象,产生不必要的小位移;另一方面,影响熔断器工作寿命,极易产生不必要的短路。建立如图 9.4 所示物场模型。

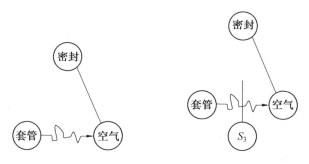

图 9.4 套管与空气之间相互作用的物场模型与标准解

根据图 9.4 中标准解启发,以套管变形方式增加 S_3,可以得到解题方案五:修改套管结构,通过在套管上打小孔,并在小孔之间设置薄膜连接管道,形成空气流通回路,从而实现对空气的冷却作用,消除其有害作用。

9.1.4 系统裁剪解题

1. 弹簧的裁剪

问题的冲突主要由弹簧的较大弹力产生,如果将弹簧裁剪掉,那么问题就会得以解决。图9.2中,弹簧的功能有两个,其一为连接端盖与熔断器,其二为调节熔断器由于热胀冷缩产生的伸缩,保证连接可靠。当弹簧被裁剪后,其功能如何完成?根据其功能在剩余组件之中分配方式不同,可以得到解题方案六:修改端盖设计,由端盖完成弹簧的功能。在端盖上制作一段与熔断器具有同样热胀冷缩率的材料,保证对熔断器的伸缩进行调节,实现可靠连接。

方案七:修改熔断器设计,由熔断器执行弹簧的功能。在熔断器一端增加柔性连接段,与原有弹簧相比,导电参数相同,但弹性系数更小。

2. 端盖的裁剪

图9.2中,端盖的功能为密封套管,连接弹簧。根据裁剪规则A,如果能够将弹簧和套管去除,那么就可以实现端盖的裁剪。而弹簧和套管被裁剪后,其有用功能连接熔断器与导线,防尘、防水功能如何实现?解决该二级问题,可以得到解题方案八:在熔断器外层镀膜,由熔断器自身实现套管的防护功能,在熔断器两端设置弹性连接线,弥补其热胀冷缩的伸缩量,实现与线路的可靠连接。

9.2 案例二

9.2.1 问题描述

1. 系统工作原理

如图9.5所示为将机械能转换成液压能的液压泵系统。工作时,驱动轴带动缸体旋转,驱动柱塞进行吸油、排油,同时完成压缩油液达到增压目的。低压油通过配流盘低压侧控油孔吸入,完成压缩后通过高压侧控油孔排出。

配流盘与缸体之间为大球面配合,工作时存在相对运动,其密封性是影响系统工作效率的关键因素。为保证工作要求,加工时需要对配流盘表面进行渗碳处理以增加其抗磨性能,同时需要通过磨削,保证能够获得非常高的加工精

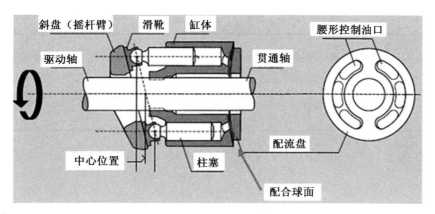

图 9.5　气缸盖回油子系统原理示意图

度要求。

2. 存在的问题

配流盘待加工面为经过渗碳处理的大球面,硬度和加工精度要求都非常高,对加工设备精度和稳定性要求非常严格。为保证加工质量,采用边磨削边检测的方式进行加工,每一件都用三坐标检测,严重影响加工效率,急剧增加加工成本,显然不现实,但又没有有效的处理办法。

此外,利用三坐标检测时,由于采集点有限,计量误差大,很难保证尺寸精度要求,使得保证加工精度非常困难,废品率极高。

3. 现有解决方案和存在的缺陷

配流盘加工完成后,通过与缸体之间的互研,使两个球面尽可能大小一致后配对入库。但互研工艺效率非常低,而且会使部分研磨材质嵌入缸体铜合金中,降低摩擦副使用寿命。

4. 问题解决期望达到的效果

不通过互研工序,能够保证配流盘的加工精度,满足使用要求。

9.2.2　分析问题

根据图 9.5 所示技术系统工作原理,对其进行功能分析,初步选取组件并按照分类列于表 9.2 中。

表 9.2 组件列表

类别	组件
系统目标	油液
系统组件	柱塞、摇杆臂、滑靴、缸体、轴、配流盘、出油口、入油口
超系统组件	机体

根据表 9.2 所选取的组件,进行功能分析后,得到图 9.6 所示的功能模型图。

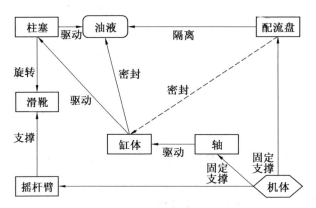

图 9.6 根据泵技术系统工作原理的功能分析结果

经过认真分析,发现由用户提供的系统工作原理所分析得到的图 9.6 所示功能模型,并没有真正的反映出所要解决的问题。

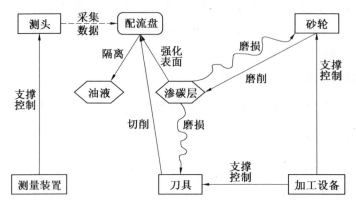

图 9.7 由问题出发建立的功能模型

根据前面所述,该技术系统的问题集中在配流盘的加工过程,属于流程问题。但是,经过认真分析后,我们可以在通盘考虑该加工过程后,建立如图9.7所示的简化功能模型。该功能模型反映了配流盘加工流程中的不止一个流程,而且能够将加工过程中存在的主要问题反映出来,可以作为技术系统分析结果,作为后面解题依据。

9.2.3 物场解题

1. 解决渗碳层磨损刀具的问题

图9.7中,当用刀具钻削孔时,由于表面渗碳层的存在,导致刀具的磨损,该有害作用的物场模型如图9.8左图所示。

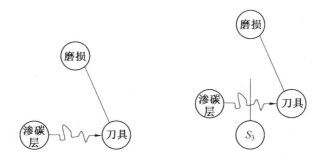

图9.8 渗碳层磨损刀具的物场模型及其标准解

运用消除有害作用的拆解/破坏物场模型标准解,得到如图9.8右图所示的标准解模型,通过增加物质S_3以消除有害作用,可以得到如下方案:

方案一:对渗碳层作变形设计,在渗碳工艺过程中,增加遮挡物,使得将来加工孔的位置处不生成渗碳层,从而使问题得以解决。

方案二:对刀具作变形,改变钻孔方向,将钻孔操作从工件没有渗碳层的一端开始钻削,从而极大降低渗碳层的影响至几乎消失。

2. 解决测头测量盘面作用不足的问题

根据图9.7所示测头对盘面数据采集作用不足的问题,运用向超系统跃迁标准解,增强测头数据采集能力,弥补其不足作用。所得到的物场模型及其标准解模型如图9.9所示。

根据图9.9中标准解启发,得到解题方案三:增加测头数量,将多个测头事先分布于夹持工具上,形成多测头分布式超系统,从而增加采集数据能力,弥补其作用不足问题。

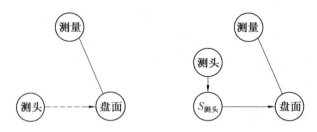

图 9.9 测头作用不足的物场模型与标准解

9.2.4 系统裁剪解题

针对图 9.7 组件模型中产生有害作用的渗碳层组件,利用系统裁剪,将其裁剪掉,从而消除对刀具产生的有害作用。由图 9.7 中可见,渗碳层的具有强化配流盘表面的有用功能,因此,随着裁剪的实施,带来了二级问题——谁来强化配流盘表面?

为解决该二级问题,继续将该问题转换为有关渗碳层的物理矛盾,哪里需要渗碳层?哪里不需要渗碳层?于是得到关于渗碳层的空间分离解决方案:

方案四:在盘面其它位置进行渗碳处理,而在需要加工控油孔的位置,去除渗碳层。由于渗碳处理是对整个盘面进行的,为此,设计相应形状的盖板,在渗碳处理过程中,将控油孔部位覆盖。

通过对比,方案四与方案一类似,因此,可以将该两种方案综合为一种方法加以考虑。

参考文献

[1] 尼古拉·什帕科夫斯基.进化树——技术信息分析及新方案的产生[M].郭越红,孔晓琴,林岳,等译.北京:中国科学技术出版社,2010.

[2] 候磊,芮延年,朱兴满.基于TRIZ理论的干燥过滤器夹紧装置结构优化设计[J].机械设计与制造,2011(7):240-242.

[3] 钱炜苗,吕凤吹,王耘,等.功能分析与约束理论集成驱动产品改进设计研究[J].机械设计,2011,9(28):1-5.

[4] 张向前.大学生创业教育与素质教育、创新教育的关系辨析[J].和田师范专科学校学报,2014,5(33):17-20.

[5] 朱高峰.创新人才与工程教育改革[J].高等工程教育研究,2007,6:3-7.

[6] 朱红涛.知识创造与知识创新辨析[J].科技情报开发与经济,2012,10(22):74-76.

[7] 姚正海.技术创新的概念与特征辨析[J].商业经济,2009,10:31-32,55.

[8] 孙永伟,谢尔盖·伊克万科.TRIZ——打开创新之门的金钥匙[M].北京:科学出版社,2015.

[9] 林岳.创新方法教程(初级)[M].北京:高等教育出版社,2012.

[10] 李彦.创新方法教程(中级)[M].北京:高等教育出版社,2012.

[11] 檀润华.创新方法教程(高级)[M].北京:高等教育出版社,2012.

[12] 林岳,谭培波.技术创新实施方法论[M].北京:中国科学技术出版社,2009.

[13] 赵敏,胡钰.创新的方法[M].北京:当代中国出版社,2008.